心灵灯塔

张文泉　主编

经济科学出版社
Economic Science Press

责任编辑：吕　萍　张庆杰
责任校对：王肖楠　杨　海
版式设计：代小卫
技术编辑：邱　天

图书在版编目（CIP）数据

心灵灯塔/张文泉主编. —北京：经济科学出版社，2008.8
（创争中国行. 淄博国税创建活动系列丛书）
ISBN 978 – 7 – 5058 – 7363 – 6

Ⅰ. 心… Ⅱ. 张… Ⅲ. 国家税收 – 税收管理 – 研究 – 淄博市　Ⅳ. F812.752.3

中国版本图书馆 CIP 数据核字（2008）第 107838 号

心灵灯塔
张文泉　主编
经济科学出版社出版发行　新华书店经销
社址：北京市海淀区阜成路甲 28 号　邮编：100142
总编室电话：88191217　发行部电话：88191540
网址：www.esp.com.cn
电子邮件：esp@esp.com.cn
北京汉德鼎印刷厂印刷
永胜装订厂装订
690×990　16 开　16.5 印张　270000 字
2008 年 8 月第 1 版　2008 年 8 月第 1 次印刷
印数：0001—4000 册
ISBN 978 – 7 – 5058 – 7363 – 6/F·6614　定价：25.00 元
（图书出现印装问题，本社负责调换）
（版权所有　翻印必究）

创争中国行——淄博国税创建活动系列丛书

编 委 会

主　　编　张文泉
副 主 编　黄玉远
编　　委　王衍明　戴继锋　孙兆泰　王　莉
　　　　　杨　林　赵长亮
编写人员　王文国　王玉璋　安东志　刘永顺
　　　　　张海恒　江润东　李　涛　李　旭

序　言

"打造素质优良、管理科学、执法规范、服务满意的淄博国税品牌，全面建设文明、和谐、富有活力的一流国税机关"；宏扬"忠诚、务实、拼搏、创新"的国税精神。这就是淄博国税全体干部职工的共同愿景和共同价值观！正是这种以"忠诚、务实、拼搏、创新"为核心的机关文化，激励着全体干部职工扎扎实实创建学习型国税机关。

我在想，一个要打造品牌的机关是什么样的机关呢？

一个致力于打造品牌的国税机关，应该是传承优良中华文化，弘扬悠久民族精神的优秀群体。淄博地处山东省中部，是历史文化名城，是齐文化的发祥地。两千多年来，齐文化所显现的是与其他先秦地域文化迥然不同的特性，既有开放性和多元性，也有务实性和变革性。正是这些独具特色的文化模式和鲜明的文化特点，使齐文化博大精深、源远流长，成为中华传统文化星空中一颗亮丽的明星。淄博国税文化根植于齐文化的沃土，传承优良传统，适应时代要求，坚持以人为本，以德育人，以文化陶冶人，以文化管理人，以文化激励人，以文化凝聚人，是淄博国税事业发展的灵魂。

一个致力于打造品牌的国税机关，应该有充满生机活力和蓬勃朝气的干部职工，应该是一个干事创业、敢打善战的战斗群体。淄博国税树立"税收发展、教育先行"的理念，把教育培训当作一项基础性、前瞻性的工作来抓，培养了一支素质高、能力强、业务精的人才队伍。2004年来，先后涌现出"山东省优秀青年卫士"等省级以上先进个人86人次，"全国三八红旗集体"、"全国巾帼文明岗"等省级以上先进集体106个；全局具有注册会计师、注册税务师的人数达到在职总人数的28%，32人考取了CCNA认证工程师等专业资格；2007年5月，他们代表山东国税系统参加了国家税务总局的税收管理员抽考，名列全国第一。

一个致力于打造品牌的国税机关，应该是一个永不满足、锐意进取，与时俱进、持续创新的学习型机关。党的十六大提出了"形成全民学习、终身学习的学习型社会，促进人的全面发展"的号召。从2004年开始，淄博国税为适应新形势下的税收工作，审时度势，顺应潮流，按照全国十部委发起的"创建学习型组织，争做知识型职工"活动要求，积极引入学习型组织理论，开展了创建学习型机关活动，指导改进了系统的管理实践，激发了组织的内在活力，提高了系统的学习力、创造力和执行力，促进了整体工作水平的全面提升。2004年以来，实现在全国和全省有创造性和突破性的项目27个，其中3项获省级创新奖、6项获市级创新奖，解决了一大批工作中的难点和"瓶颈"问题。

一个致力于打造品牌的国税机关，应该是一个追求卓越，争创一流的模范团队。这样的机关，一定具有一流的工作，一流的管理，一流的队伍，一流的文化，必然会创造出一流的骄人业绩。近年来，淄博国税税收执法规范，连续5年无违法违纪和重大过错发生；2004年以来，行业税负占GDP的比重逐年提高，2005年税收收入突破100亿元大关，2006年完成税收收入119亿元，2007年完成151亿元，年平均增长近30%，持续保持高速的增长态势；在纳税服务方面，连续5年投诉为零，在淄博市组织的政风行风评议活动中，连续8年名列第一，先后荣获"山东省职业道德建设十佳单位"、"全国税务先进集体"、"全国精神文明建设工作先进单位"等称号。

淄博国税的机关文化既有社会主义的核心价值理念，更是推动国税各项工作持续发展的精神动力之源。正是这种优秀的机关文化，不断充实和丰富着淄博国税精神，继而用这种精神培养人、塑造人、提升人的品质和素养，锻造出一支具有创新精神、能打善战的高素质干部队伍。

淄博国税创建学习型国税机关的经验告诉我们：先进的机关文化是

机关各项事业持续发展的灵魂和动力源泉,是激发干部职工创造活力的有效载体,是全体职工的精神家园。

在创建学习型机关不断探索与实践的道路上,淄博国税人感受到了变化。但他们没有停下来一味欣赏走过的风景,而是边探索,边总结,他们把几年来的感想与收获进行整理,编辑了这套"创争中国行——淄博国税创建活动系列丛书"。

丛书共分四册,第一册为《文化理念手册》。淄博国税人认识到锤炼文化是构建和谐机关的有效途径,也是推动国税事业健康持续发展的有效途径。淄博国税文化在税收实践中不断得以完善,以提高人的素养、丰富人格内涵、提升管理水平和服务特色为实践主题,树立了良好的国税形象,促进国税事业全面协调可持续发展,在全社会形成"诚信纳税"的良好氛围。该书集中了淄博国税文化理念的精髓,对机关文化建设具有一定的指导作用。

第二册为《鲁山情怀》。鲁山,海拔1108.3米,是山东省第四高山,是淄、汶、弥、沂四河的发源地,为鲁中最高峰。2006年8月,淄博市国税局请来北京明德经纶管理科学研究院的专家,在鲁山对全市系统内600多名干部系统培训了学习型组织理论。短短的5天里,学员们积极参与,用心感悟,潜能与活力被强烈地激发出来,写出了大量的感悟,创作了许多内容丰富、形式多样的文艺节目,内容或深刻、或简约、或大气、或诙谐,其参与人员数量之多,创作量之大,内容之丰富,是淄博国税以往任何时候都没有过的,是淄博市国税局创建学习型组织和文化建设的一笔宝贵财富,充分显示了淄博国税人热爱生活的情怀,干事创业的气魄。

第三册《心灵灯塔》。愿景概括了组织的未来目标、使命及核心价值,是组织最终希望实现的蓝图,它犹如航行中的灯塔,为组织的前进指明了方向。淄博国税按照建立个人愿景、团队愿景、共同愿景的步骤,在系统内全面开展了愿景构建活动。他们挖掘干部内心的真实愿望,引导干部总结提炼个人愿景;通过集思广益,集中研讨、网上交流、深度会谈等形式,根据工作职责和要求,建立了团队愿景;在广泛征求意见、反复酝酿的基础上,形成了系统上下广泛认同、人人拥护的共同愿景。该书荟萃了淄博国税的愿景体系。

第四册《我的创争》。如何创建学习型机关，淄博国税从基本理念、创建背景，到思路形成、具体做法、评价标准，再到理论评述、先进经验、主要成果，进行了探索与实践。本书在这些方面作了充分的总结和提炼，便于正在创建的单位共享和借鉴。

这套丛书的出版，不仅是对"淄博国税"品牌的完美诠释，更提升了这一品牌的价值；不仅是淄博国税人对结合自身实践开创独具特色创建之路的总结和回顾，对创建成果的充分挖掘和展示，更重要的是他们的创建之路必将对全国创建学习型机关工作发挥积极的指导作用。我坚信，淄博国税人一定会秉承厚重的齐文化传统，在今后创建学习型机关的道路上不断探索，大胆实践，为创建具有中国特色的学习型机关、为构建和谐社会创造更加辉煌的业绩！

全总宣教部副巡视员　孙磊
2007年8月于北京

目 录

上篇　愿景荟萃

淄博市国家税务局

奋进中的淄博市国家税务局 ······ 3
　淄博市国税系统共同愿景 ······ 4
　市局机关共同愿景 ······ 6
　局领导个人愿景 ······ 6
　市局机关团队愿景和个人愿景 ······ 12

张店国家税务局

中心城区国税人　务实创新铸辉煌 ······ 44
　共同愿景 ······ 44
　局领导个人愿景 ······ 46
　团队愿景和个人愿景 ······ 48

淄川区国家税务局

松龄故里写春秋　锐意改革谱新篇 ······ 63
　共同愿景 ······ 63
　局领导个人愿景 ······ 64
　团队愿景和个人愿景 ······ 65

博山区国家税务局

汗洒孝妇河畔　情系国税事业 ·················· 81
共同愿景 ·················· 81
局领导个人愿景 ·················· 82
团队愿景和个人愿景 ·················· 84

齐鲁化学工业区国家税务局

足球故里敢为先　勇立潮头创辉煌 ·················· 99
共同愿景 ·················· 99
局领导个人愿景 ·················· 100
团队愿景和个人愿景 ·················· 102

周村区国家税务局

百年商埠扬美名　拼搏进取竞风流 ·················· 115
共同愿景 ·················· 115
局领导个人愿景 ·················· 117
团队愿景和个人愿景 ·················· 119

桓台县国家税务局

根植齐桓沃土　谱写国税华章 ·················· 137
共同愿景 ·················· 137
局领导个人愿景 ·················· 138
团队愿景和个人愿景 ·················· 140

高青县国家税务局

黄河之滨聚财曲　硕果累累荡春风 ·················· 152
共同愿景 ·················· 152
局领导个人愿景 ·················· 153
团队愿景和个人愿景 ·················· 155

沂源县国家税务局

钟灵毓秀沂河源　情系老区谱新篇 ········· 167
　　共同愿景 ········· 167
　　局领导个人愿景 ········· 168
　　团队愿景和个人愿景 ········· 170

淄博高新区国家税务局

火炬之光映崛起　涛头弄潮唱腾飞 ········· 183
　　共同愿景 ········· 183
　　局领导个人愿景 ········· 184
　　团队愿景和个人愿景 ········· 186

下篇　心灵空间

蜘蛛修网 ········· 199
篓子里的螃蟹 ········· 199
老鹰喂食 ········· 199
北风和南风 ········· 200
老虎的孤独 ········· 200
被脚踩过的20美元 ········· 201
撒盐的水有多咸 ········· 202
国王与宰相 ········· 202
买单"尊老"的回报 ········· 203
18岁女孩给富豪讲课 ········· 203
一份记载失败的成功者简历 ········· 205
帝王蛾破茧 ········· 206
妈妈的鼓舞 ········· 206
名歌手与名记者的意外诞生 ········· 207
耳聋的青蛙 ········· 208

心中无鱼而得鱼 …………………………………… 208
上帝的公平独白 …………………………………… 209
一夜解开千年难题 ………………………………… 210
舍弃荣耀 …………………………………………… 211
从罗丹得到的启示 ………………………………… 213
生命的力量 ………………………………………… 214
感谢那只手 ………………………………………… 215
它到底值多少钱 …………………………………… 216
一美元小费 ………………………………………… 218
刘先生的测验题 …………………………………… 219
人生更短的东西 …………………………………… 220
人生实习期 ………………………………………… 222
天堂的位置 ………………………………………… 223
勇敢的士兵 ………………………………………… 224
轻视的力量 ………………………………………… 225
上帝不会让你一无所有 …………………………… 227
另一扇门 …………………………………………… 228
每天你有两个选择 ………………………………… 229
父亲的告诫 ………………………………………… 230
换个角度看人生 …………………………………… 231
奖励的惩罚 ………………………………………… 232
躲在云后面 ………………………………………… 233
感恩才有机会 ……………………………………… 233
打开善意之门 ……………………………………… 234
退路 ………………………………………………… 235
永远不要低三下四 ………………………………… 236
做好失败计划 ……………………………………… 237
生命有多强 ………………………………………… 238
没有可笑的问题 …………………………………… 238
阿基里斯的脚后跟 ………………………………… 239
零缺陷的妙方 ……………………………………… 240

做自己的魔法师 …………………………………………… **241**
给自己创造机会 …………………………………………… **242**
良种玉米 …………………………………………………… **243**
导盲犬 ……………………………………………………… **243**
同一个世界 同一个梦想 ………………………………… **244**

后记 ……………………………………………………… **246**

上篇　愿景荟萃

淄博市国家税务局

奋进中的淄博市国家税务局

淄博市国家税务局组建于1994年9月，是主管淄博市国税工作的行政机构，现有国税干部1310人。内设行政科室11个、直属机构1个、事业单位3个，下设张店国税局、淄川区国税局、博山区国税局、齐鲁化学工业区国税局、周村区国税局、桓台县国税局、高青县国税局、沂源县国税局和高新区国税局。

近几年来，全市国税系统在省局和市局党组的正确领导下，牢固树立和坚持科学发展观，夯实基础，开拓创新，整体工作跨入了全省先进行列。

组织收入工作呈现良好发展态势。"十五"期间，全市国税系统共组织收入331.46亿元，比"九五"增收148.74亿元，增长81.40%，年均增长21.67%，年均增幅比"九五"平均高16.84个百分点。继2005年税收收入突破百亿大关后，2006年全市国税收入完成119亿元，同比增长18.58%，增收18.64亿元；2007年，全市国税收入完成151亿元，同比增长26.95%，增收32.11亿元。据统计，机构分设以来，累计组织税收收入830多亿元，为建设殷实小康、构建和谐淄博做出了积极贡献。

队伍建设和精神文明建设硕果累累。市局机关连续8年在全市行风评议活动中名列第一，先后被表彰为全省部门和行业作用建设示范窗口单位，全省职业道德建设十佳单位，全省国税系统先进领导班子，市局和所有区县局全部获得省级文明单位称号。市局被表彰为全国税务系统先进集体，全国精神文明建设工作先进单位。截至目前，全系统共获得市级以上文明单位等荣誉称号168个，有5个基层单位分别被授予全国三八红旗集体、全国巾帼文明岗、全国青年文明号、全国税务系统文明单位等荣誉称号。

▶ 淄博市国税系统共同愿景

打造素质优良、管理科学、执法规范、服务满意的淄博国税品牌，全面建设文明、和谐、富有活力的一流国税机关。

诠释：

共同愿景从文明、和谐、活力和全国一流四个方面描述了国税队伍建设的方向，从适应国家经济建设、市场经济发展和国税员工成长等方面提出了更高要求，为大家指明了目标、方向。

创建新型的学习型国税机关是紧跟时代步伐，顺应时代潮流，与时俱进的必然要求；是提高国税干部综合素质，优化管理，诚信服务，全面履行税收职能，推动国税事业创新发展的必然要求。以创建学习型组织，建立共同愿景为载体，努力实现国税队伍建设的重大转变，是建立新型国税队伍的有效方式。

文明：包括物质文明、精神文明和政治文明三个方面。

物质文明是指实现税收管理手段现代化、不断改善税收工作环境，加强税收文化阵地建设、美化工作生活环境。

精神文明是指执法文明，建立严格的工作、行为规范，科学、文明的服务标准，职责明确的激励约束机制。

组织内部培养营造积极向上的良好文化氛围，有利于引导、培养国税员工树立良好的敬业精神和职业道德，积极进取的价值观、人生观。

政治文明是指国税部门作为国家执行税法的部门，干部职工必须具有较高的法律意识、政策意识、自律意识、大局观念、执行意识，做到政令畅通、令行禁止。

和谐：主要是建立与社会、纳税人、组织内部和成员之间的和谐关系。

坚持以科学发展观统领税收工作，坚持聚财为国、执法为民的税务工作宗旨，推进依法治税、深化税收改革、强化科学管理、加强队伍建设四条主线，发挥税收筹集财政收入和调节经济、调节分配的作用，促进社会主义和谐社会建设。

优化纳税服务，建立和谐征纳关系。以提高素质、强化管理、改进作风、树立形象为突破口，改变原有的以执法监督检查为主的管理模式，树立为纳税人服务的意识，营造和谐工作环境，强化诚信服务，在执法中服务，在服务中执法，建立辩证和谐的征纳关系。

完善交流共享机制，密切系统内部之间的关系。要打造一支新型的国税队伍，一定要培育一个具有活力的团队，成就一项事业离不开天时、地利、人和，因此营造宽松、和谐的内部氛围十分重要。

搭建成长、成才平台，促进组织、个人共同发展。把国税干部作为事业发展最重要的资源，把握国税干部的事业追求与人生目标，为干部成长和发展创造良好的环境和氛围，引导干部在干事创业中实现人生价值，实现税收事业与人的和谐发展。

活力：个人能够通过学习能力的提升，不断突破自身的能力上限，活出工作中的生命意义，在组织平台上体现职业化的价值人生；组织能够通过建设共同愿景，不断增强内部凝聚力和向心力，使组织成员拥有强烈的责任感、使命感、荣誉感，成为目标统一、步调一致、素质一流、敢于挑战的学习型团队，实现组织与个人的共同发展。

个人、组织具有积极向上的精神和能量。激活组织的每一个单元和细胞，使每一名成员都具有积极的心态和强烈的进取精神；组织内部结构与协调是开放式、高效率的，拥有统一目标、强烈的凝聚力、创造力和挑战精神的学习型团队。

全国一流：体现淄博国税人的目标和追求。素质和标准更高，作风和效率更快，服务和敬业精神更强，公众和社会形象更好。

实现这一目标要有高度的事业心和责任感，要有自我加压，争创一流的信念。

全国领先的标准是全方位的，既包含工作，也包含班子、队伍建设，既有硬指标，有硬件建设，也有软指标，有包含精神风貌在内的软件建设。

实现愿景需要把握三个转变和一个标准：三个转变是向优化管理型转变，向诚信服务型转变，向学习型转变；一个标准即全国一流。

市局机关共同愿景

文明、和谐、勤廉、高效。

诠释：

文明、和谐、勤廉、高效，是新时期对机关工作提出的新要求，也是市局机关全体干部职工的共同愿景。

文明：从广义上说，包括物质文明、精神文明和政治文明建设；具体地说，要求市局机关每一名干部职工，要说文明话、办文明事、做文明人。

和谐：和谐出团结，和谐出效益，和谐出战斗力。通过和谐机关建设，以崭新的机关形象引领淄博国税全面、健康、持续发展。

勤廉：包括勤奋的工作态度、良好的职业道德、务实的工作作风、高尚的道德情操。

高效：作风严谨，雷厉风行，务实高效。

落实共同愿景，需要做的工作很多，需要走的路很长。就市局机关而言，有五大块工作是重中之重：一是加强思想作风建设，营造干事创业的良好氛围。二是加强学习型组织和国税文化建设，努力提高全体干部职工素质。三是健全各项工作机制，努力抓好工作落实。四是坚持依法行政，树立高效、务实、文明的工作作风。五是深化改革创新，努力争创一流的工作业绩。

局领导个人愿景

张文泉：做日里平常点滴事，谋国税事业大文章。

诠释：

"为平常人，怀平常心，做平常事"体现了一种为人的境界。人类历史长河中，无论是闪烁耀眼的明星，还是普通的凡人，只要守住一颗平常心，就是守住了心灵的宁静。这还是一种做事的态度，守住一颗平常心，就能从实际出发，认认真真、踏踏实实做好平常事，就能做成大事业。

从平常点滴事做起，是一个人素质的综合体现。平常之事不一定是简单事、不一定是易事、不一定是小事，把平常事做好，体现了一个人的事业心和责任感，体现了一个人的心态和志趣，体现了一个人的能力和水平，也体现了一个人的胸怀和志向。正确对待工作、学习、生活中的每个细节，正确看待名利得失、是非荣辱。

从平常点滴事做起，是完成工作任务的保证。国税事业艰巨而具体，万丈高楼平地起，千里之行，始于足下，再远的路也要从脚下一步一步走起，再艰巨繁重的事业也要从最平凡的小事入手。

从平常点滴事做起，是更好地发挥团队作用的条件。心存高远，志在千里，忘我奋斗，勤奋努力是激发个人潜能、实现自身价值的强大动力。只有每个人围绕目标，齐心协力，共谋事业，做实做好平常事，才能促进整体工作的健康发展。

做好平常点滴事，用一颗真心、一份热情、一个好的方法处理身边的事情，要把目标细化为措施，任务分解为行动，责任落实到人头，大事便成了小事，难事便成了易事，长远的事便成了眼前的事，文件上的事便成了实实在在的事。我们从事着平常的工作，做着平常的事情，但只要把平常的事情做得不平常，把点滴的事做好，何愁事业不成？

王衍明：认真履行职责，用心做好工作。

诠释：

"天地生人，有一人当有一人之业；人生在世，生一日当尽一日之勤。"作为社会的人，不可能脱离责任而生存，作为领导干部，更深感肩上责任之重。

良好的责任意识是每位领导干部必须具备的基本素质，它时刻要求自己要始终坚持立党为公、执政为民，以强烈的事业心和高度的责任感对待自己的工作，对待自己的学习，对待自己的生活，在岗位上、在责任中、在细微间体现党员干部的先进性。在具体实践中，就是要勇于任事，敢于担当，在其位谋其政，在其岗谋其事；以身作则，尽职尽责，在岗一日，尽责一天。

快乐和尽职如影相随，责尽心安，苦中孕乐。"认真履行职责，用心做好工作"，体现着工作的价值，映照着人生的意义。"要使自己的生命有价值，就得给世界增值"，"尽力履行职责，就会知道自己的价值。"因此，只有勇敢地承担责任，认真地履行职责，用心地做好工作，人生才会充实，生活才有意义。

戴继锋：求实创新，团结协作，以人为本，公正廉明。
诠释：

求实创新：天下大事必作于细，古今事业须成于实。作为领导干部，必须靠实干立身，凭政绩进步。不断强化创新意识，勇于探索，开拓创新，善于从学习中、实践中寻找解决问题的新思路和新办法，创造性地开展工作。

团结协作：责己恕人，厚德载物。坚持宽厚为人，有君子之度，心胸开阔，以责人之心责己，以恕己之心恕人，真正做到理解人、关心人、容忍人。坚持调动一切积极因素，凝聚各方力量，维护好班子团结、队伍团结。

以人为本：坚持全心全意为职工群众服务，把职工群众利益放在第一位，坚持权为民所用，情为民所系，利为民所谋，多做顺民心、谋民利、得民心的事，真正做到尊重人、关心人、理解人、帮助人。

公正廉明：坚持以身作则、勤政廉洁，做到政治上坚定、思想上坦荡、生活上清廉，对己清正、对人公正、对内严格、对外平等；淡泊名利、知足常乐、坦然面对各种诱惑，时刻筑牢法纪道德防线。

孙兆泰：加强党性锻炼，做合格公务员。
诠释：

加强党性锻炼是保持党的先进性，增强党的凝聚力、号召力和战斗力的重要保证。党性不是人天生具有的，也不是一个人入党后就能完全具备的，而是需要在实践中通过不断地自我修养和锻炼来实现。党性锻炼的过程就是增强党性、提高党性修养水平的过程。党员是党组织的细胞，党的先进性要靠党员来体现。在日新月异的社会形势和商品经济的大潮面前，作为一名公务员，一名党员，只有自觉地进行修养和锻炼，不断提高自身政治思想素质和作风建设，才能经得住大风大浪的考验，才能成为合格公务员，才能永葆党员本色。

王　莉：公道做事，正派做人。

诠释：

公道正派是我们党的优良传统。公道，指待人处事要公正公平。正派，就是具有良好的思想道德，品行端正，作风严谨。公道正派既是一个人的立身之本，也是领导干部的履职之本、政治责任和政治境界。坚持公道正派，必须牢记党的性质和宗旨，有坚定的信念，无私无畏，顶得住压力，挡得住利诱，敢于坚持真理，勇于批评和抵制不正之风，不当"老好人"，敢说公道话，不怕担风险，勇于承担责任，不揽功诿过。坚持公道正派，不是刻意去追求"形象"，沽名钓誉，而是通过坚持公道正派，不断开创工作的新局面。

黄玉远：用心做好每件事，真情对待每个人，健康快乐每一天。

诠释：

人生如歌，人生如画，人生如诗，人生如梦。人生有时风平浪静，一马平川；有时波涛汹涌，气吞山河，回荡一曲动情的悲歌。人生中充满了令人美好的憧憬、迷茫甚至磨难。如何面对人生，千古以来，是个永恒的话题。创造或者享受，建树抑或毁灭，生命的哲学摆在我们面前，充满悖论乃至两难，容不得任何人回避、逾越，必须做出选择。

选择的权力在我，在你，在我们大家。我们生命的全部都存在于我们的生活，它时时刻刻、形影不离地与我们的人生相伴。用心做好每件事，用自己的双手创造美好生活，用双肩承担责任和道义。让一颗热血澎湃的心时刻跟随着我——责任心、事业心、进取心；热心、耐心、专心。凡事用心，观察、思考和体悟。做到办实事认真，诚心诚意；解难事专业，尽心竭力；做好事热心，坚持不懈；一切有意义的事情都是我的目标，九死不悔，苦苦追寻。真情对待每个人，是我发自肺腑的挚爱和关爱，用我真挚的感情、友情、热情和激情，尊重人、理解人、关心人、帮助人。真诚善待每一位同事、朋友、家人乃至素昧平生的人。

情真意切，入情入理。不是做到一时，而是永永远远。健康是人生的根本和源泉，就像一条河，流向何方？也许相当重要，而最重要的还是一种状态、一个过程。无论如何，快乐是它的目标和追求。健康使人更快乐，以增添生命的辉煌。快乐使人更健康，以增加生活的亮丽。只有拥有健康的身体、健康的心理、健康的追求和目标，生命才得以延续，事业才得以发展，人生的价值才得以实现，快乐也才能终生相伴。

一种追求，一种信念，可以改变一个人生命的质量。用心去追求，工作和事业就是神圣的，生活才会美好，与人交往就都是幸福的时光。我将用积极进取、健康向上的心态，珍惜美好时光，在拼搏中体现健康，在创新中享受快乐。始终不渝、坚定不移地用心做好每一件事，真诚对待每一个人，健康快乐每一天。勤奋学习，自我超越，收获一个过程，也收获一种精神。让生活更加美好，生命更有意义，人生更有价值。

杨　林：博爱、创新、包容、和谐；守信、责任、理解、宽容；心静、安然、精神、充实。

诠释：

"博爱"，是中山先生所倡导的精神之一，其核心是爱国主义和人文精神，作为领导干部，这是我个人为之向往和孜孜以求的一种思想境界；"创新"，是指开拓进取、与时俱进的精神风貌和工作状态，是永远充满创造活力的行动体现；"包容"，体现了博大与海纳百川的宽广胸怀，是一种建立在自信、坦然和豁达基础上的处世哲学，不苛责他人，也不苛责自己；"和谐"，则是一种生活方式，也是一种精神追求，体现了内敛含蓄、不事张扬的生活态度和成人达己、寻求共赢的工作观。"守信"，是我个人的立身处世之本，务必做到"言必信、行必果"；"责任"，就是自己承担应当承担的任务，完成应当完成的使命，做好应当做好的工作；"理解、宽容"，是我对人、对事的一种态度，不仅要善待家人、朋友、同事，而且要善待生活中的每个人，做到"己所不欲，勿施于人"；"心静、安然"，是指自己在内心上的修为，做到"有容乃大、无欲则刚"，不以物喜、不以己悲，宠辱不惊；"精神、充实"，则要在工作、生活之余多读书、多上网、多充实自己，多参加体育锻炼，有业余爱好，不让自己的心灵干涸，不使自己的内心空虚，让自己的生活多些阳光、多些情趣，也只有这样才能活出生命的真正意义和价值。

赵长亮：在国税事业中实现自我价值。
诠释：

人生是一个不断奋斗的过程，奋斗的人生才是精彩的。奋斗的过程是人生价值实现的过程，人生价值的体现并不仅仅在于理想的实现，更重要的是在于为理想实现的激情奋斗之中。不去奋斗，只能空谈人生；激情奋斗，才能无悔人生。能干一份自己喜欢的工作并为之奋斗，是人生一大快事，国税工作就是自己十分喜欢的工作。切切实实为国税事业做一件或几件事情，是我奋斗的目标。一个人一生中能做成几件事就非常了不得了，一般人能做成一件事就可以算得上成功。但在通往成功的路上往往有这样那样的困难与挫折，这需要我们正视现实，懂得时间的宝贵，懂得人生的珍贵，把时间当作金钱，把效率视为生命，雷厉风行，不懈奋斗。如此，才能达到目标，实现自我价值。如果激情奋斗，消逝的是时间，留下的一定是永恒的事业丰碑；如果消极懈怠，消逝的是人生，留下的只能是对那段时间永久的悔恨。

一个人只有融入到组织中去，他才能找到自己的舞台，只有在事业中才能实现自己的价值，个人是渺小的，组织是伟大的，事业是永恒的。有人说职业是上天的安排，干好你的本职工作，就是敬天地，敬社会，敬自己。

刘普照：诚心做人，用心做事。
诠释：

人生在世，不外乎两件事：一是做人，二是做事。做人是做事的基础，什么人做什么事；反之，做事验证做人。诚心做人，用心做事，是一种胸怀，更是一种境界。

诚心做人，就是为人应以诚为根，真实坦诚。"诚以待人，心则通之。"是古人对诚心的理解。诚信是做人最基本的道德底线，没有诚信交不了朋友，没有诚信谈不成生意，没有诚信干不成事业。为人还要保持一种坦率的态度。人与人沟通最好的方法就是坦率。与人交往，坦率要比虚伪建立的关系更持久，真诚要比圆滑换来的友谊更珍贵。诚为做人，应品行端正。有了好的人品作保证，做人才有底气，做事才会硬气，做官才有正气。诚心做人，应该宽厚善良。宽厚善良是一种心境，是中华民族传统道德体系的重要内核之一。要善于尊重人，尊重别人，就能赢得尊重；诚心做人，还应该有责任感，要做到尽职尽责，勇于负责，要善于帮助人，帮助别人，就会收获快乐。

用心做事，就是做事要敬业，要严肃和认真。荀子讲，做事要"心不使焉"，以至做到"白黑在前而目不见，雷鼓在侧而耳不闻"。一要高站位虑事。做事不可只在乎一事之成败，而必须站在是否有利于全局形势发展的高度，从人民群众的根本利益出发，通盘谋划，全方位考虑；二要高水平谋事。凡事只要认真、科学、积极地去谋划，胜算就会掌握在自己手中；三要高效率办事。做好"勤"，勤能补拙。当然，做事还要讲求工作方法，做到事半功倍。

"诚心做人，用心做事"是一切事业成功的基石。

于广金：认认真真做事，清清白白做人。

赵作鹏：尽心工作听招呼，尽情生活享快乐。

▶ 市局机关团队愿景和个人愿景

办 公 室

参谋、保障、上水平；创新、服务、促和谐。

诠释：

"参谋、保障、上水平，创新、服务、促和谐"，有三层含义：其一，切实提高参谋保障水平，为领导决策提供更加优质高效的服务，促进国税工作健康开展；其二，加大创新工作力度，不仅要加强全系统争先创优的督促和管理，对办公室自身工作也要大胆探索，改革创新，以创新推动工作水平提高；其三，认真做好服务工作，切实强化宗旨观念，把为领导服务、为机关服务、为基层服务贯穿于办公室工作始终，努力促进和推动和谐国税建设。作为办公室人员，要想在前面，未雨绸缪，精心策划，当好参谋助手；站在后面，乐于奉献，甘为人梯，争做无名英雄；干到点上，能干会干，恰到好处，做到锦上添花。待人要真心，干事要用心，对事业要忠心，对社会有爱心，对荣誉地位要有平常心。

刘传宝：用心服务，精益求精，以人为本，金石为开。
诠释：
"用心服务，精益求精，以人为本，金石为开"，有两层含义：其一，扎扎实实做好各项服务工作。作为办公室主任，要团结和带领办公室全体成员，认真履行工作职责，当好领导的参谋助手，真心实意、一丝不苟地做好各项服务工作，做到优质高效，精益求精。其二，全面加强办公室内部建设。坚持以人为本，真诚待人，热心解决群众困难，关心员工成长，以自己的实际行动引导干部、激励干部，带领大家奋发图强，干事创业，努力营造和谐、融洽的工作氛围。

王允博：上善若水，厚德载物。
诠释：
"上善若水"是指最高境界的善行，就像水的品性一样，泽被万物而不争名利；"厚德载物"是指君子处世要以厚德对待他人。做人与处世时，要像水一样"居善地，心善渊，与善仁，言善信，正善治，事善能，动善时"，心胸开阔，立志高远，严于律己，宽以待人，用高尚的道德情操包容世间万物，包容形形色色的人和事。

高新亮：踏实做事，至诚做人。
诠释：
在工作上，爱岗敬业，稳重勤勉，坚决服从组织安排，踏踏实实地做好分管工作，不搞形式主义，不做表面文章；在做人上，诚实守信，大公无私，一身正气，待人接物老实厚道，尊重领导，团结同事，自觉维护集体利益和集体荣誉。

滕晓训：用新思维审视过去，用新理念指导未来。
张海恒：用心做好每件事，认真对待每一天。
李京玉：心如止水，爱局如家。
江润东：读好书，做好人，行好事，走好路。
翟纯珂：笃诚，绩效。
朱　杰：真心做事，至诚做人。
王丽娟：善心为人，用心做事。
徐黎曼：脚踏实地，忠于职守，任劳任怨，优质高效。

政策法规科

加强执法监督，促进依法行政。
诠释：
依法治税是依法治国基本方略和依法行政基本要求在税收管理中的体现。税务机关只有坚持依法治税、规范行政、加强执法监督，才能提高征管的质量和效率，营造公平竞争的税收环境，促进和谐征纳关系的建立。一是建立健全法制工作制度，规范管理行为。建立健全制定税收政策法规及征收管理制度的工作机制；健全政务公开制度，规范公开程序，丰富公开内容，完善公开形式；健全重大涉税案件审理制度，完善税收行政复议与行政诉讼工作机制；进一步健全税收执法责任制。二是加强执法监督，强化内部控制。加强执法检查，促进依法行政；切实做好税收行政复议工作，维护纳税人合法权益，促进税收执法水平提高。三是加强政策法规工作队伍建设，更好地发挥综合管理的作用。

孙焕良：依法行政，文明执法。
诠释：
依法治税是依法治国方略和依法行政要求在税收领域的具体体现，是税收工作的灵魂。税务机关作为行政执法部门，在营造依法诚信纳税的社会环境中，处于主导地位，发挥着关键作用。要使纳税人依法诚信纳税，税务机关必须依法征税，严格、公正、文明执法。为此，一是要增强法律意识；二是要规范税收执法；三是要加强税收执法监督，强化对税收执法权的监督制约，促进文明执法。

李怀彪：快乐学习，快乐工作。
张清远：业精于勤荒于嬉，行成于思毁于随。
高晓玲：学习，超越，创新。

流转税管理科

求真，务实，创新，和谐。
诠释：
多年来，流转税管理科在税收管理工作过程中，一直坚持求真、务实、创新的工作态度，把建设和谐的税收队伍作为发展方向，逐步成长为一支具有较强凝聚力和战斗力的税收队伍。

用科学理论武装头脑、指导实践、推动工作，坚持正确的政治方向，努力学习邓小平理论，忠实践行"三个代表"重要思想，全面落实科学发展观。树立共产主义理想和中国特色社会主义信念，坚持用马克思主义的立场、观点、方法来认识世界，形成科学的理论体系、良好的行为规范、辩证的思维方式。牢记聚财为国、执法为民的税务工作宗旨，做到权为民所用、情为民所系、利为民所谋。坚持实事求是、开拓创新、始终保持昂扬向上、奋发有为的精神状态，创造性地推进各项工作。

加强业务学习，认真学习科学理论以及经济、财税、法律和管理等知识，不断提高综合素质。通过制定和完善各项制度，坚持按制度办事、靠制度管人，营造干事创业的良好氛围，使各项税收工作都有据可依、有条不紊。

隋建玲：业务精通，求真务实，开拓进取，争创一流。
诠释：
立足本职、勤奋工作，做到干一行，爱一行；钻一行，精一行。爱岗敬业、公正执法、诚信服务、廉洁奉公，在平凡的工作岗位上做出一流业绩。把依法治税作为税收工作的灵魂贯穿始终，不断增强依法征税、规范行政的意识，严格按照法定权限与程序执行各项税收法律法规和政策，做到严格、公正、文明执法，不断提高执法水平，切实维护纳税人的合法权益。

刘　咏：求真，务实，宽人，律己。
诠释：
实事求是，务求实效。税务工作坚持求真务实，重实际、办实事、求实效。树立以人为本的思想，着眼于促进税务干部的全面发展，关心人、爱护人、激励人、塑造人，增强自身历史责任感，激发自己的积极性、主动性和创造性。把领导者的主导作用与科室成员的主体作用紧密结合起来，使得科室成员认同核心价值理念，形成齐心协力、共谋发展的良好氛围。

孙承观：为人民服务。
吴卫东：认真学习，扎实工作，做一名优秀公务员。
刘轶昌：舒畅，和谐，提高。
孙新萌：发挥才能，在平凡的岗位上做出不平凡的业绩。
李阜桥：爱岗敬业，和谐进步。

所得税管理科

做全市国税系统一流的科室——开拓创新、执法严格、管理领先、团结和谐、服务热情、清正廉洁。
诠释：
所得税管理是税收管理的重点、难点课题，面临的不仅是机遇也是挑战。因此，要抓住机遇，迎接挑战，将所得税管理科做成全市国税系统一流的科室——开拓创新、执法严格、管理领先、团结和谐、服务热情、清正廉洁。

为了实现科室团队愿景，所得税科将从以下四方面开展工作：一是结合工作实际，进一步建立健全各项规章制度，充分发挥制度的保障作用；二是加强培训，提高所得税管理人员的业务素质；三是继续按照管理创新和技术创新的指导思想，不断加强企业所得税的征收管理，完善企业所得税管理机制，提高管理水平；四是执法与服务并重，准确及时兑现所得税优惠政策，为企业发展注入活力，促进当地经济的发展。

辛承利：成为一名高素质的管理者——业务精通、品质高尚、执法严格、管理精细。

诠释：

面对所得税管理的现状，感到压力大，担子重，决心以时不我待的精神勇挑重担，率先成为一名高素质的管理者，做到业务精通、品质高尚、执法严格、管理精细。我始终坚持认真学习所得税相关业务知识，自觉践行"三个代表"重要思想，按照管理创新和技术创新的工作思路，不断加强所得税的科学化、精细化管理，使自己真正成为一流的管理者。

张建华：成为一名全面的税政管理干部——政策精通、执法严格、恪尽职守、公正廉明。

诠释：

努力钻研税收业务，不断提高业务水平和执法水平，认真对待自己的事业，勤勤恳恳，兢兢业业，忠于职守，尽职尽责，廉洁从政。树立正确的职业观，忠于职守，团结协作，提高技能，勇于创新，做到政策精通、执法严格、恪尽职守、公正廉明，成为一名全面的税政管理干部。

张翠华：成为一名优秀的后勤保障干部——管理精细、服务全面、保障有力。

诠释：

管理精细是借鉴税收管理精细化的做法，使后勤工作更加深入人心，细致周到，精确到位；服务全面是后勤工作要以人为本，树立围绕"服务税收，服务职工"的主题，对后勤服务工作做到全面细致；围绕科里中心工作抓服务，为所得税科的中心工作提供有力保障。

李　涛：无论一小步，还是一大步，都要带动国税的进步。

诠释：

个人愿景能帮助我摆脱琐事和庸俗，因为我心中充满光明；个人愿景能使人在困难时，有绝不放弃的勇气和执著，因为这个愿景使我的心中充满希望和奋斗目标；这个愿景能使我极具敬业精神，自觉投入，乐于奉献。因为我永远看到工作本身对于我的意义非同以往，它不仅是谋生手段，更是一种社会责任，我会始终在工作中充满激情和乐趣，也从中体会到了自己生存的意义；这个愿景能改变我和国税事业的关系，我会把我进步的一点一滴归入国税事业的大海中；这个愿景能使我变成学习型组织中的学习型个人。无论一小步，还是一大步，都要带动国税的进步——产生出强大的驱动力、激发出一种勇气，一种无形的势、无形的场、无形的力，为小步、大步而努力奋斗。

李逢春：成为一名优秀的所得税管理干部——业务精通、为人正直、执法公正、工作严谨。

诠释：

21世纪，经济税收形势不断发展变化，要想跟得上时代发展的步伐，就必须不断加强学习，不断更新知识结构，不断提高自身素质，才能满足时代发展的要求。为人正直、执法公正是一个国税干部应该具有的品质，也是国税对干部的内在要求。工作严谨是所得税工作对国税干部的基本要求，也是所得税管理实现科学化、精细化的基本要求。

征　管　科

务实，创新，团结，奉献。

诠释：

务实：要立足淄博国税实际，踏踏实实工作。从作风上说，务实就是倡导真抓实干，不尚空谈，勤奋踏实。从效果上说，务实就是强调办事不搞形式主义，反对推诿拖沓，讲究实效。求真与务实是统一的，离开了求真，务实不仅失去了方向，也找不到正确的方法，没有务实的精神与作风，求真也就失去了基础。

创新：是指为了发展的需要，运用已知的信息，不断突破常规，发现或产生某种新颖、独特的有社会价值或个人价值的新事物、新思想的活动。创新的本质是突破，即突破旧的思维定式，旧的常规戒律。它追求的是"新异"、"独特"、"最佳"、"强势"，并必须有益于税收工作的进步。创新活动的核心是"新"，创新在工作上表现为开拓性。创新实践最突出的特点是打破旧的传统、旧的习惯、旧的观念和旧的做法。对于我们来讲，要具有思想解放、头脑灵活、敢于批评、勇于挑战的开拓精神。我们要将创新精神付诸税收征管工作实践，不断提高工作创新能力。

团结：是指集中集体的力量为实现共同理想、完成共同任务而努力，团结的具体表现是互相协作和支持。团结是社会主义精神文明建设的重要内容，也是有中国特色社会主义事业成功的保证。团结事关一个国家、一个地方、一个单位的事业成败和命运兴衰。因此我们要以团结为保证，不断提高团队工作能力。

奉献：是指工作人员都要围绕服务多讲奉献，乐于奉献，勇于奉献，多做奉献，多为集体着想，少计较个人得失。要尽自己的最大努力去做好每一项工作，办好每一件事，以不断奉献自己的力量为光荣，以为个人索取为耻辱。

李义平：务实高效，共谋发展。
诠释：
说实话、办实事、求实效。扎实工作，不断提高工作效率，与其他部门密切合作，科室内包括全局内都精诚团结，相互协作，共同创造国税事业的美好未来。

任　云：踏实做事，勤奋敬业，快乐工作每一天。
诠释：
认真做人、踏实做事，工作勤奋，爱岗敬业，在工作中快乐，在快乐中工作，不断提高工作效率和工作水平，愉快度过每一天。

林玉菊：成为一名优秀的税务复合型人才。

李　英：工作愉快，家庭和谐。

李　涛：奋发进取，自我超越。

赵同喜：扎实工作，不断学习。

王　芳：创优质服务，树文明形象。

彭春美：踏实做事，真诚做人，认真学习，快乐长存。

计　统　科

团结协作，求实创新，和谐奋进，争创一流。

诠释：

要加强与局外各部门、局内各科室的沟通交流、加强协作，争取理解与支持，和谐发展，共同提高，为计统工作营造良好的外部环境。要以严谨、精益求精、一丝不苟的态度对待"每一项"工作，客观、真实、准确地反映税收工作的实际情况，坚决杜绝弄虚作假现象的发生，善于发现并解决工作中的薄弱点，为领导决策提供准确的依据，当好参谋、助手。要开拓思路、创新思维，不断完善计统工作方法及规程、制度，善于用新思维、新角度、新方式思考问题，创造性地开展工作，提高工作效率与质量，从容应对计统工作的新形势、新问题和新要求。要不断提高计统工作水平，树立"有第一就争，有红旗就扛"的争先意识，要做就要做到最好。

　　袁　博：要做就要做到最好。

诠释：

态度决定一切，要做就要做到最好。对待工作不能心存应付、得过且过的想法，更不能停留在以前的业绩上，故步自封。要端正态度，高标准严格要求自己，精益求精、一丝不苟、保质保量地完成"每一项"工作。要不断提高自身素质，积极进取、不断创新，超前思维、勤于思考；善于发现并解决工作中的薄弱点；善于用新思维、新角度、新方式思考问题，创造性地开展工作。

　　周　璞：工作百分百，收获百分百。

诠释：

要以积极的态度对待工作，做到认真细致、精益求精、保质保量。要不断提高自己的工作水平，应对新形势、新任务对工作的新要求。要使自己的思维时刻处于活跃状态，常存创新观念、超前意识。要努力把自己负责的工作做到最好。

在努力工作的同时，注重与团队中各成员的沟通、交流，收获快乐，感恩生活，与团队共成长。

于青平：每天进步一点点，与团队共发展。
张　青：自我加压强素质，团队前进争奉献。
于江涛：强素质，创佳绩，求团结，共进步。
孙华丽：工作生活步步高。
李剑波：认真工作，团结协作，努力创新，保障安全。
段延平：提高素质，超越自我。
梁晓玲：敬业精业，争创佳绩。
张　磊：踏踏实实，认认真真，提高素质，增强本领。

进出口税收管理科

恪尽职守、责任第一；刚柔相济、严格执法、优化服务；创建和谐退税环境，树立社会良好形象。

诠释：

面对日新月异的经济形势，出口退税政策也发生着巨大的变化。一手加快退税，一手防范骗税，成为目前出口退税工作的重点。这就要求每一个同志必须树立责任第一的观念，尽职尽责、坚守岗位，严格按照国家的出口退税政策以及规定的程序、手续办理出口退税；而出口退税作为国家一项重要的优惠政策，更需要我们以高层次的服务体现国家对出口退税优惠政策的实现，这样才能真正创建和谐退税环境，树立国税良好形象。

恪尽职守、责任第一就是每一个同志要按照要求，严格执行国家政策，按照三级审核的要求进行工作，树立守土职责、重于泰山的责任感，确保审核质量和工作效率。刚柔相济、严格执法、优化服务就是一方面健全岗责体系，完善规章制度，规范执法行为，确保各项工作法律化、规范化、程序化；另一方面，优化退税服务，进一步拓展服务功能，提升服务水平，将此两方面相互结合、相互依托，寓严格执法于优质服务中，全面提升退税服务的层次和水平。创建和谐退税环境，树立社会良好形象就是要严格按照国家政策规定、尺度和标准，在加强审核的同时，按月退税，为纳税人提供高质量的服务，才能为纳税人建立良好的退税环境，体现国家的利益，达到调节经济与促进外经贸发展的目的，从而在社会树立国税良好形象。

为了实现团队愿景，我们围绕市局中心工作，结合进出口税收工作特点开展工作。加强规范岗位职责，归纳岗位内容，理顺岗位关系；制定科学、规范的操作规程和管理办法；严格遵循岗责体系及岗位职责，按照国家出口退税政策及操作程序、手续办理退税；深化办税服务厅功能，拓宽服务厅办税服务，按照高起点、高标准对服务功能进行分区域细化，使服务厅功能更方便退税企业；坚持加强对出口货物的全流程监控，静态审核，动态管理，按月退税，全面、及时地落实退税政策，树立良好国税形象。

田连达：忠于职守，严格执法，真诚服务，构建和谐退税环境，树立良好国税形象。

诠释：

忠于职守就是要坚持责任第一、坚持责任重于泰山。在工作中严格按照岗则体系和出口退税"三级审核"要求，创新管理制度和管理办法，带领全科人员积极完成上级交办的各项任务。

严格执法就是执行上级政策坚决，在处理出口退税及各项工作中，坚持原则，依法办事，并通过完善各项制度和管理办法，确保出口退税的审核质量，坚决防止出口骗税的发生。

真诚服务，构建和谐退税环境就是在工作中坚持依法治税，优化服务，拓宽服务渠道，提高服务层次；在落实优惠政策方面，努力提高办税透明度和工作效率，让纳税人满意，让上级领导放心，把进出口科创建成一个勤政务实、高效和谐的队伍。

王秀丽：终身学习，努力工作，老实做人；勤奋敬业，开
　　　　拓创新，服务社会。

诠释：

在党的十六大报告中，中央明确提出了创建"全民学习、终身学习的学习型社会"，并把"全民学习、终身学习"列入实现小康目标的标志。作为一个税务工作者，应该具有终身学习的理念，努力学习政治、学习税收法律知识、学习会计知识等，真正把学习列入我们工作生活的重要议事日程，努力提高自身的政治、业务素质。

在工作中，要廉洁务实，勤奋敬业，做老实人，办老实事，不浮夸，不吹嘘；在踏实工作的基础上，要有新的思路，取得新的成绩，不能只看到原有的工作成绩沾沾自喜。

税收取之于民，用之于民，作为一个税务工作者，我们不仅要严格执法，而且要为纳税人服务，为整个社会服务。

李遵山：勤政，务实，和谐，奉献。
刘　伟：德厚业精。
王　敏：责任第一，服务至上，和谐退税。
张　娟：文明服务，敬业爱岗，勤奋学习，努力工作。
许彦丽：快乐学习，提高素质；快乐工作，服务社会；快
　　　　乐生活，幸福和谐。
王亚娟：爱岗敬业，奉献人生，团结沟通，快乐工作。
梁文星：刻苦钻研，扎实工作，服务沟通，善心为人。

国际税务管理科

务实创新，诚信服务，依法行政，争创一流。

诠释：

21世纪是不断变化发展的世纪，要想跟得上时代发展的步伐，就

必须可持续发展，而管理创新正是可持续发展的源泉和动力，要顺应时代发展的要求，立足诚信，务实管理，围绕不断变化的外部环境，不断研究新情况，探索新思路，创新方式方法，以纳税人实际需要为中心，尽我所能处理好每一笔税收业务，以诚实、快捷的工作方式用心解决问题，提供高质量的服务，为工作注入新的活力。要严格依照法律的规定和"创一流业绩、树一流形象、建一流机关"的要求履行职能，采取有效措施依法规范行政行为，进一步树立勤政、高效、务实、清廉的国税形象，防止权力滥用，保证行政效率，保证税收法律法规有效实施。

孙玉华：务实勤奋，奋发有为，创一流业绩。
诠释：
瞄准高起点，提升新标杆，以时不我待的精神勇挑重担，以坚忍不拔的意志干事创业，以高度自觉的姿态率先垂范，一步一个脚印地把工作做实做细。围绕税收中心工作，服务经济发展大局，以一流的服务水平、一流的办事效率、一流的工作质量，卓有成效地履行好本职工作，全心全意为人民群众服务，以一流的业绩为全市经济社会发展作出应有的贡献。

赵文利：积极向上，团结合作，无私奉献。
王延惠：奉献税收，爱岗敬业，勤政廉政，业务熟练，作风优良。
许祖坤：服从大局，听从指挥，锻炼身体，快乐生活。
徐　嵘：精通业务，严格执法，精细管理，服务全面。
刘　军：坚持科学发展观，坚持依法治税思想，努力做好本职工作。
王　峰：奉献事业，聚财为国。
曲庆营：爱岗敬业，奉献税收，执法为民，聚财为国。

财务管理科

依法理财，科学管理，精打细算，严格监管；当好家、理好财，为建设和谐国税做出贡献。

诠释：

依法理财、科学管理，是做好财务工作的根本要求，财务工作必须坚持依法理财、科学管理，要牢固树立"靠制度管事，按制度理财"的观念，建立科学、规范、有效的财务管理制度体系，严格按制度办事，履行手续，规范程序，不断提高财务管理的质量和效率。精打细算、严格监管，是实现财务工作科学化、精细化管理的重要保障，以科学的态度、科学的方法，从细节入手，完善体制机制，细化业务流程，落实岗责体系，确保财务各个环节高效、协调运转，加强"两权"监督，将财务管理权监督制约渗透到财务管理的全过程。发挥参谋和助手作用，以身作则，把好关，带好头，出好主意，当好家、理好财，为建设和谐国税做好服务和保障。

实现愿景的措施：一是要树立快乐工作，快乐学习理念，营造团队团结奋进的良好氛围，提高团队的凝聚力，主动改善心智模式，树立自我超越意识，以更加积极的心态对待学习和工作。二是健全落实好各项财务制度，把好关、当好家、理好财。三是树立艰苦奋斗，勤俭节约的观念。将有限的资金用在刀刃上，不断提高资金的使用效益，发挥好参谋助手作用。四是根据财务岗位职责的要求，有针对地加强财务人员的业务培训，实现"工作学习化，学习工作化"，不断提高业务技能。五是不断探索财务工作的新路子，提升财务管理水平。

段翠萍：认真做事，诚实待人。

诠释：

财务工作的基本职责是服务、保障、管理和监督，财务人员要坚持原则，严格把关，当好家、理好财，要对自己负责、对工作负责。认认真真做好岗位上的每一件事，发挥参谋和助手的作用，爱岗奉献，精业敬业，把简单的事情千百次地做好就是不简单。作为科长，要营造团队团结奋进的良好氛围，提高团队的凝聚力，关心人、尊重人、宽容人、理解人、沟通人，真诚负责，诚实守信，与团队共同发展，共同进步。

孙吉传：勤奋笃学，精业敬业，沟通进取。

诠释：

勤奋笃学：学习是生存、发展的基础，学习是工作的一部分，工学相长、终身学习，不仅是被重新发现的潮流，更是一种不可或缺的竞争能力。

精业敬业：干什么专什么就是精业；干什么爱什么就是敬业。励志爱岗，奉献于岗，在平凡的职业岗位上做出非凡的成绩。

沟通进取：主动为先，尊重为上，建立和谐的人际关系，与团队和组织共同发展，力争有所作为。

杨秋华：像心脏一样工作，像蜜蜂一样生活。

诠释：

像心脏一样工作：心脏的重量不到人体重量的0.5%，全身的重量相当于心脏的200倍，心脏要负责全身的血液循环供给，也即是相当于一个人要为200个人提供生命的能量，工作量何其大，但心脏的工作有理、有利、有节，敬业而智慧，科学加艺术。神经传导的精密调控，各部位协调同步，心房心室的收缩犹如行云流水，达到自然和谐的完美境界。

像蜜蜂一样生活：蜜蜂诚实守纪，工作努力；心情愉快，轻松自在。大自然优胜劣汰，蜜蜂凭什么能够生存？蜜蜂靠的是"软实力"——诚实可靠、吃苦耐劳、团结一心的精神风貌！保持"三心三自"：事业上有颗进取心，生活上有颗平常心，心灵里有颗慈爱心；自信、自强、自律。蜜蜂智勇双全，意志坚强，处处高风亮节，个个自强自立，永远青春靓丽充满活力。

王　莉：潜心学习，用心做事，真心待人。

诠释：

潜心学习：学习知识，学会思考，把信息变成知识，把知识变成智慧，把智慧变成能力，把能力转化成工作成果。

用心做事：热爱本职岗位，对待工作实心实意，认真努力，吾日三省吾身，注重细节，从大处着眼、小处着手，做好每一件事。

真心待人：坦诚对待同事，宽容、友爱、与人为善，热心服务。

王德香：潜心学习强素质，审计监督严把关。

舒　萍：用心服务，把好财务第一关。

苗兰兰：勤奋进取，干好本职，团结沟通，争创一流。

人事教育科

公道办事，正派做人，勤恳工作，快乐生活。

诠释：

当前，全市国税系统正在大力推进依法治税，不断深化税收改革，积极实施科学化、精细化管理，加快推进税收管理信息化建设，这些光荣而艰巨的工作任务对国税干部队伍的思想、素质和作风提出了更高的要求。为此，我们要把握形势，充分发挥人事部门的职能作用，建立健全公平公正的选人用人机制、灵活有效的教育培训机制、科学合理的激励竞争机制，引导国税干部保持昂扬向上的精神状态，进一步增强事业心和责任感，开拓进取，扎实工作，形成干事创业的合力，为国税事业的长足发展提供强有力的人才保障和智力支持，促进全市国税事业长远发展。

按照淄博国税事业的发展要求，加强人事工作，实现人与事业的协调发展。同时，不断加强人事干部队伍自身素质建设，以适应新形势下人事工作的需要。

加强人事工作制度建设，依据《公务员法》进一步梳理人事工作制度，建立统一的人事工作规程，明确人事工作程序、标准和要求，促使人事工作规范化、科学化和精细化；抓好人事干部自身素质建设。加强以公道正派为重点的人事部门职业道德建设，不断提高思想政治素质，通过举办各类培训班、外出交流学习等活动，不断提高人事干部的业务水平和工作能力；加大人事工作调研力度。随着《公务员法》配套制度的相继出台实施，抓好贯彻落实的同时，对《公务员法》实施中可能遇到的问题和困难进行深入地调查分析研究，提出解决问题的办法和意见。

田文华：认认真真工作，快快乐乐生活。

李韶歌：干在实处，学在前列。

柏静宜：奉献国税、对得起自己。

常怀淑：宽厚，博学，敬业，笃行。

张　冉：勤学敏思，踏实做事。

诠释：

参加工作十多年来，勤奋学习，努力进取，提高素质，完善自我，踏实做事，实现人生价值，一直是我不懈的追求目标。

树立终身学习理念，不断提高自身修养；认认真真地工作，在工作中实现自身的价值。

在工作中学习，在学习中工作。坚持自觉学习，提高自身素质，做本职工作的明白人；进一步加强税收业务知识的学习，争做复合型人才。在工作中求真务实，细致认真，勤于思考，善于总结，不断提高工作水平。

监察室

坚持原则，履行职责，秉公执纪，严以律己。

诠释：

坚持原则就是纪检监察工作必须严格落实政策和规定，做到耳不聋、眼不花、心不黑、手不软、嘴不馋、腿不懒。履行职责就是要履行好纪检监察工作职责，积极搞好各部门协调和配合，当好党的助手和忠诚卫士，为党风廉政建设和反腐败工作提供有力的组织保障。秉公执纪就是要把心放正，一碗水端平，公正无私，不偏不倚，不办人情案，不办黑心案，不搞权钱交易。严以律己就是要守得住清贫，耐得住寂寞，受得住委屈。做到"功名利禄心不动，酒绿灯红眼不迷，不义之财手不伸，歪风浊流冲不垮。"

监察工作只有坚持原则、履行职责、秉公执纪、严以律己，才能全面贯彻落实科学发展观，做好党风廉政建设和反腐败斗争工作；并维护行政纪律，保证政令畅通，纠正行业不正之风，加强行业作风建设；紧紧围绕约束和规范行政权力开展监督检查，促使行政机关及其工作人员严格按照法定权限和程序履行职责，切实发挥好监督作用。在服务改革发展、稳定大局、促进依法行政、提高行政效能、推动党风廉政建设和反腐败斗争中深入发展。

崔玉桐：爱岗敬业，扎实工作，勤政廉政，以身作则。
诠释：
对社会要有责任感，有所贡献。工作是个载体，工作高于一切，重于一切，多干工作、干好工作已成为对社会、对自己的忠实承诺。执法部门严格执法，履行的是对公众的责任；作为执法人员，秉公执法是基本的职责，既是对社会负责也是对自己负责。严于律己，勤政廉政，始终严格要求自己，做到"常在河边走，就是不湿鞋"，全心全意为国税工作服务，做什么事都要对得起党，对得起人民。

陈杰玉：扎扎实实工作，清清白白做人。
诠释：
千里之行，始于跬步，目标再远大，也须一步一个脚印，从一件一件小事做起。若以事小而不屑为之，或胡乱应付了事，则想法再好，也终难实现，工作扎实不扎实，从点滴中便可看个一清二楚。守得住清贫，耐得住寂寞，慎初、慎微、慎独、慎欲，努力做到一身正气，两袖清风，始终保持清醒头脑，警钟长鸣，廉洁自律，认真落实党风廉政建设的各项规定，用自身的实际行动和良好形象，带动和促进党风廉政建设。

吕静：工作扎实有创新，奋发进取争一流。
诠释：
强烈的事业心，奋发进取的精神状态，是做好工作的基础。一个人的能力、学识、才华固然重要，但更重要的是事业心、责任心。要有埋头苦干的敬业精神，轻轻松松做不好工作，舒舒服服干不成事业；要有敢于争先的昂扬斗志，保持敢于争先的昂扬斗志。没有较高的工作标准，就缺乏应有的工作动力。要充满激情地干事业，积极向上地争先进，扎扎实实地做工作。只有艰苦的努力、扎实的工作和优异的成绩，才能赢得领导和干部群众的认可，才能真正实现个人价值，推动工作进步。

吴　刚：勤学善思争一流，严格质量重效益。

机关党委办公室

围绕中心抓党务，永葆党员先进性。

诠释：

税收任务是国税工作的中心，党务工作是完成税收任务的保障，永葆党员先进性是党务工作所追求的目标和方向。

围绕中心抓党务，永葆党员先进性是一个系统工程。一是强化教育，大力加强机关党的思想政治建设。充分发挥"三会一课"教育主阵地的作用，充分发挥"机关学习日"长效教育机制的作用，充分发挥典型的启迪引导作用，使机关党的思想政治建设落到实处。二是丰富载体，不断加强机关精神文明建设。以精神文明创建活动为载体，增强党员队伍的集体荣誉感；以丰富多彩的文体活动为载体，增强党员队伍的凝聚力；以社会公益活动为载体，增强党员队伍的社会责任感；以国税文化建设活动为载体，增强党员队伍的先进性，使机关精神文明建设生机勃勃。三是规范管理，不断加强机关党的组织和作风建设。规范制度，实现党建工作制度化；规范执法，提高依法行政水平；规范服务，促进机关职能转变；规范组织，确保支部工作充满活力；规范作风，促进廉政勤政建设。

王玉璋：宁静淡泊，勤奋工作，快乐生活。

诠释：

淡泊是根除心思浓重的良药，一个人如果浓重于色则虚弱，浓重于财则贪婪，浓重于功名则矫揉造作。淡泊不是没有欲望，不思进取，无所作为，而是以一颗纯美的灵魂对待工作、生活和人生。不属于自己的奢华和诱惑，千斤难攻其心，而属于自己的则用之无愧。一个人拥有的东西再多也多不过没有拥有的。如果对自己的拥有而知足，快乐就像阳光一样将你的生活照亮。

殷秀兰：努力学习，勤奋工作，团结同志，自我超越。

刘永顺：积小高兴为大高兴，创造单位面积幸福；做党的人办党的事，促进党建整体进步。

齐如玲：尊重领导，团结同志，热爱生活。

稽 查 局

建设团结、严谨、和谐、一流的淄博国税稽查。

诠释：

在依法治国、建设和谐社会的大前提下，适时提出稽查局团队愿景——建设团结、严谨、和谐、一流的淄博国税稽查。它体现了与时俱进的精神，把握了时代脉搏，符合稽查局的工作性质和特点。

团结：打造具有强大凝聚力和向心力的稽查队伍；

严谨：依法行政，严格执法，务实高效，一丝不苟；

和谐：营造公平公正的税收环境；

一流：建设一流班子，打造一流队伍，创造一流业绩，树立一流形象。

耿庆杰：团结，活力，规范，和谐。

诠释：

努力建设团结、活力、规范与和谐的淄博国税稽查。

团结：同心山成玉，协力土变金。成功，需要克难攻坚的精神，更需要团结协作的精神。

活力：创新才有活力，唯有拼搏才能争先。使每位干部职工能保持年轻心态、活跃思维和拼搏精神，在国税团队形成尊重人才、尊重创造、活跃和谐、勇于攻坚的浓厚氛围。

规范：规范是税收执法的永恒标准和灵魂。依法治税、规范执法不是口号，而是团队和员工的共同目标和行为准则。

和谐：对国税干部职工要严格管理、严格监督，规避执法风险，坚筑廉政防线，努力建设清廉国税、和谐国税。

许建国：认认真真工作，老老实实做人。

诠释：

革命工作已37年，经历了许多的工作岗位。接触了许许多多的领导及同志，但自己的信念是：无论在什么地方工作，都要做到认认真真地工作，老老实实地做人。

郭本连：态度决定水平，细节决定成败。

诠释：

每个人的能力、素质有差异，但最关键的在于我们的工作态度，我们端正了态度，以一种认真、执著、勤勤恳恳的态度面对工作，就能把工作做到力所能及范围内的极致，而且这种踏实认真的态度可以弥补我们自身能力上的缺陷，使自己的个性和人格更加完善，能力不断提高。

工作要一丝不苟，工作要雷厉风行，外加恒心，这都是做人做事情的基本素质和要求，作为我自己来讲，应该永远坚持这样的本色——永不放弃，永远阳光，永远追求向上。

孙献亮：求真务实，开拓创新。

诠释：

求真务实，就要重实际、说实话、务实事、求实效，在实际工作中坚决反对形式主义，反对虚报浮夸，反对掩盖问题；开拓创新，就要有敢为人先，勇破陈规，求新求异，不断进取的精神，注重提高理论思维能力，树立好的精神状态，善于吸取和总结群众的创新成果。

周美生：作风严谨，务实高效。

诠释：

机关有没有求真务实的工作作风，直接关系到本级党委、领导的决议、决定和工作部署能否落到实处，一个优秀的机关干部应具备严谨的工作作风。

机关干部要特别注意加强求真务实作风的养成，无论是对上请示汇报，还是为下解决问题，都要把真实情况搞清楚，并对上对下如实讲，即所谓查实情，说实话，一定要实实在在、实打实地干工作，不能只图虚名，不求实效，要时刻注意防止和克服花架子、形式主义、表面文章之类的不良作风对机关的侵蚀和干扰。

姚　光：树立正确的职业理想，脚踏实地干好本职工作，更新理念，求实创新，不断提高。

诠释：

树立正确的职业理想，脚踏实地、求真务实是我做人做事的原则。热爱自己的工作岗位，尊重自己所从事的事业，在工作中做到踏实认真、勤于实践、努力钻研，不断提高业务水平；树立正确的职业理想，干一行，爱一行，干好一行，脚踏实地，不怕困难，做老实人，说老实话，办老实事，是我的工作目标。

干好本职工作，就是认真踏实、勤于实践、努力钻研，讲究科学、尊重科学，从客观实际出发，努力做好各项工作，而不是浮躁虚夸做表面文章。只有"脚踏实地、求真务实"地做人做事，才能把工作干好。爱岗就是热爱本职工作，珍惜自己的工作岗位，用一种严肃的态度对待自己的事业，勤勤恳恳、兢兢业业，忠于职守，尽职尽责。树立正确的职业观，忠于职守，团结协作，钻研业务，提高技能，勇于革新，圆满完成领导交办的工作。

韩　强：一要干事，二要干净。

诠释：

作为一名公务员要热爱自己的工作岗位，尊重自己所从事的事业，在工作中做到踏实认真、勤于实践、努力钻研，不断提高业务水平；要树立正确的职业理想，干一行，爱一行，精一行；要脚踏实地，不怕困难，有吃苦精神。同时作为一名国家干部要牢固树立起马克思主义的世界观、人生观、价值观以及正确的权力观、地位观、利益观，时刻保持清醒的认识，居安思危，廉洁自律，清清白白做人，干干净净做事。

刘元柱：诚实守信，脚踏实地，干好本职。

诠释：

诚实守信是职业道德的灵魂，是人的立身之本。就是要做老实人，说老实话，办老实事，用诚实劳动获得利益，信守诺言，以信立业。

脚踏实地，干好本职就是要树立正确的职业观，热爱自己的工作岗位，忠于职守，团结协作，钻研业务，提高技能，勇于革新，做行家里手，认真完成工作任务。

王淑慧：爱岗敬业，求真务实。

诠释：

爱岗敬业是为人民服务和集体主义精神的具体体现，是社会主义职业道德一切基本规范的基础。爱岗就是热爱珍惜自己的工作岗位，热爱本职工作，它是对人们工作态度的一种普遍要求。敬业就是用一种严肃的态度对待自己的事业，勤勤恳恳、兢兢业业，忠于职守，尽职尽责。

求真务实，就是要讲究科学、尊重科学，就是要坚持高标准、严要求，把每一项工作落到实处。只有坚持求真务实，从客观真实的情况出发，才能得出符合实际的结论，找出解决问题的办法。我们就能够减少工作失误，提高工作水平。

要做到爱岗敬业，就必须坚持求真务实，从点滴小事做起，认认真真做好每一项工作。有句话叫做细节决定成败，我认为非常正确。因此，我们要发扬求真务实的光荣传统，爱岗敬业，努力在平凡的岗位上，做出不平凡的事业。

丁　伟：脚踏实地、求真务实干好本职工作，使领导满意、同志们满意、自己满意。

诠释：

"脚踏实地、求真务实"是本人一向遵循的做人做事的原则，就是要认真踏实、勤于实践、努力钻研，讲究科学、尊重科学，从客观实际出发，努力做好各项工作，而不是浮躁虚夸、好高骛远，喜欢做表面文章。只有"脚踏实地、求真务实"地做人做事，才能把工作干好，使领导满意、同志们满意，从而自己也就满意。

王岳峰：爱岗敬业，依法行政，公平正义，争创一流业绩。

诠释：

这一愿景是在为推进学习性组织创建活动深入开展，提高工作水平的背景下提出的。

热爱稽查岗位，脚踏实地，依照稽查工作规程，根据征管法及相关税收法律、法规，构建和谐、公平、公正的纳税环境，为淄博国税事业添砖加瓦。

认真学习马列主义毛泽东思想、邓小平理论、"三个代表"重要思想，落实"两个务必"、"八荣八耻"等根本要求，思想上与党中央保持高度一致。学习税收法律法规及相关知识，运用法律武器为纳税人提供一个公平、公正的纳税环境。

蔡　斌：严格执法，热情服务，做光荣的淄博国税人。

诠释：

作为一名税务稽查人员，最主要的是执行国家税收政策，这就要求我们在日常的执法工作中，必须严格执行国家的税收政策。在严格执法的同时，要树立服务观念，税务机关与纳税人之间是鱼水关系，谁也离不了谁，所以我们一定也得为纳税人做好服务。

很荣幸地做了一名淄博国税人，我一定努力工作，严格执行国家税收政策，尊重领导，团结同志，为纳税人服好务，为淄博国税争光。

白爱洁：直面挫折，凝练快乐，打造健康人生；勇于创新，强化责任，创造一流业绩。

诠释：

通过参加一系列学习型组织培训之后，震撼之余，一直在思考三个问题：一是人生存的意义；二是在茫茫人海中如何给自己定位；三是如何寻找快乐，树立自信，打造积极向上的人生观，由此制定了个人愿景。

没有挫折的人生不是完整的人生，面对困难畏惧不前的人不是生活的勇者。只有经历了数次的山重水复之后，必定有一个多彩的柳暗花明在等待。

只要拥有快乐的心境，就会有战胜困难的勇气和积极向上的心态，才能把人生中的坎坎坷坷视为对自己生活的恩赐。

要拥有一个良好的心态，把工作不仅当成饭碗，更要当成乐趣，就会挖掘出自己的潜能，把工作当成实现人生价值的一个最好的舞台。

李爱军：认真、诚信、求实、创新，争创一流业绩。
杜胜安：认真工作，诚实做人。
王　雯：立足实际，勇于探索，不断提升素质和能力。
徐振山：求真务实，锐意进取，改善心智模式，使学习力、执行力和创新力不断提升。
赵秀云：更新理念，实创新，不断提高。
曹远战：再长的路，一步步也能走完；再短的路，不迈开双脚也无法到达。
刘铸成：扎实工作，创一流业绩。
蒋景智：求真务实，干好本职，为构建和谐社会尽个人所能。
寇象太：努力做好每一项工作。
王拥军：做老实人，说老实话，办老实事。
李泰华：堂堂正正做人，明明白白做事。
孙桂燕：我能。
杨　恒：脚踏实地，诚实守信，为构建和谐家庭、和谐国税而努力。
于　华：捍卫国家利益，实现人生价值。
张　冰：发挥才能，为建设和谐国税、和谐社会做出自己的贡献。
张国强：持续积累，决定成功。
赵文博：学会做人，学会工作，学会生活。
荆　鹏：筑和谐家庭，建和谐社会。
李　芳：严格审理，保证无一例复议、诉讼案件发生。
刘惠文：认认真真做事，坦坦荡荡做人。
梁宏伟：忠诚，协作，奉献。
石　勇：做好选案工作，维护纳税人的合法权益。
田　伟：工作生活顺利，做好各项工作任务。
王景川：勤勤恳恳工作，踏踏实实做人。

杨　洁：金税协查准确率百分百，回复率百分百。

郑秀娟：少说多做。

信 息 中 心

精益求精，务实创新，和谐发展，争创一流业绩。

诠释：

科学技术来不得半点虚假，技术发展永无止境，特别是在信息化建设由投入型发展向精细化管理转变的过程中，要求信息技术人员要以精益求精的态度，求精、求细，发挥信息技术的支撑作用，更好地为税收中心工作服务。信息化发展到现阶段，要求我们要一切从实际出发，紧紧围绕税收中心工作，以务实的态度，在科学论证的基础上，开拓创新，切实提高工作质量和效率。信息化涉及网络、系统、安全、硬件等各个环节，形成一个有机统一的整体，要保证各环节的正常运行，需要内部的有效协作，建设一个和谐共处的内部环境，是事业发展的基础。团结协作的团队、精益求精的态度，必将能够争得全省一流、全市一流的信息化建设业绩。

朱明斌：严谨务实，奋发进取，和谐互助，干事创业。

诠释：

作为一名信息技术工作者，必须要严谨务实，这是信息化工作的必然要求，也是个人长期以来遵循的工作态度。信息化建设正向纵深发展，这就要求自己不能有丝毫松懈，要时刻保持奋发进取的精神。和谐是事业成功的基础，作为团队带头人，要关心团队中的每个人，要营造一个互相帮助的氛围，要营造一个和谐奋进的氛围，这样，团队和个人才能干成事、创业绩。

冯鑫刚：终身学习，积极向上。

诠释：

信息技术每天都在日新月异地发展，作为信息中心一名技术人员，只有终身不断地学习和进步，才能适应工作需要。信息化建设在税收工作中的作用越来越大，应用的技术越来越先进，只有努力地不断学习新的信息技术，做好本职工作，才能更好地服务于税务信息化建设。终身学习，积极向上，为税务信息化建设贡献自己的力量，是我孜孜以求的愿景。

李　严：和谐相处，共谋发展，创新思路，实现突破。
赵　涛：修习自我、锻炼自我，为个人事业的纯洁和进步而奋斗。
高红梅：加强学习，自我超越。
李艳玉：努力工作，团结同志，进取向上。
薛长征：一分付出，一分收获，帮助他人，成就自己。
徐春生：淡泊明志，宁静致远。
李　歆：爱岗敬业，团结同事，钻研业务，努力成为国税系统新型复合型人才。
王锦燕：业精于勤荒于嬉；行成于思毁于随。

机关服务中心

责任，安全，保障。

诠释：

制定上述愿景，一是为了结合服务中心实际，确实把各项工作落到实处；二是反映团队成员的真实情感，激发全员的工作热情，发挥个人的主观能动性，提升团队的服务层次和整体工作水平。

责任是指做好分内应做的事情，承担应承担的任务，完成应当完成的使命，做好应当做好的工作，责任所示，人人有份，履责担责，人所必为。安全是指努力打造平安、和谐、有序的机关工作环境，做到人人有安全意识，有事前预见能力、事中处理能力。保障是指保障团队的日常工作运转有序、科室工作配合有力、领导决策贯彻到位。

实现这个愿景，一是因人设岗，明确岗位职责，人人各司其职，确保团队工作正常运转；二是培育信任和团结意识，不内耗，不拆台，增强团队的凝聚力；三是健全配套的制度体系，用严格的制度约束每个团队成员的行为，确保团队工作再上新台阶。

卢令银：努力为领导当好参谋，认真抓好工程质量，使干部职工住上放心房。

诠释：

在购房协调工作中，坚持勤奋学习，努力工作，时刻将廉政纪律放在首位，严格要求自己，团结带领全体同志，清清白白做人，勤勤恳恳做事，努力为领导当好参谋，认真抓好工程质量，保证工程进度，将工程质量作为百年大计。严把工程质量关、价格关，确保实现"泰山杯"工程，为干部职工花好每一分钱，尽最大努力使干部职工住上放心房、满意房。

杜　镇：勤奋，笃学，携手，奋进。

诠释：

作为团队的负责人，必须从以上四个方面为团队成员做出表率，以自己的实际行动推动服务中心工作。

勤奋：把坚持不懈地努力工作作为自己永恒的追求，并带动服务中心全体成员。

笃学：不但自己要养成专心好学的良好习惯，而且要形成一种科室全员学习的好风气。

携手：与科室成员携手共进，与兄弟科室携手合作。

奋进：要唯旗是夺，勇争一流，开创团队工作新局面。

田家永：好学、实干，提升技能；尽职、严控，降低消耗。

诠释：

我是服务中心的一名年轻干部，负责全局的设备管理工作，通过制定愿景、实现愿景，为建设节约型机关、节约型社会贡献自己应有的力量。

好学、实干、提升技能：要养成自觉学习的良好习惯，学习政治理论，学习应用技术，提升自己的政治素质和工作技能，为做好本职工作奠定良好的基础，更好地服务干部，服务机关。

尽职、严控、降低消耗：在工作中不推诿，不扯皮，要尽职尽责，科学控制水、电、暖消耗，尽量修废用旧，降低设备运行费用，为节约型机关建设做出贡献。

梁兆谦：平安，快乐。

谢庆斌：严管，管严。

张龙启：把实事办好，把好事做实。

张道京：做好本职工作，及时、准确、无误；保持良好心态，积极、健康、向上。

张晓薇：认真学习，勤奋工作，为干部职工管好每一分钱。

陈明龙：环境舒适每一天。

蔡　霞：乐于工作，乐于奉献，乐于助人。

李敬涛：预防为主，和谐共处。

培 训 中 心

严格贯彻上级指示，及时引进前沿理念，培养干部领先素质，力促全局良好风貌。

诠释：

培训中心是主管全市国税系统思想政治、教育培训和精神文明建设等工作的职能部门。培训中心的工作面对的是广大国税干部职工，关系到国税事业的持续健康发展，关系到每位国税干部的切身利益，发挥着承上启下、左右维系、人才培养、干部教育的桥梁和纽带作用。

"严格贯彻上级指示"就是在市局党组的正确领导下，具有坚定的政治立场和工作责任感，紧紧围绕国税工作中心，着眼长远，服务全局，严格贯彻上级各项决议和决定，树立接受任务不找借口、执行任务不讲困难、完成任务追求卓越的观念，不断提高工作执行力，切实增强工作的针对性和实效性。对上级出台的政策、作出的决定、部署的工作，要毫无条件地主动接受，不等不靠，自觉行动，积极落实，不打折扣、及时、出色地完成上级交办的各项工作任务。

"及时引进前沿理念"就是具有高度的前瞻意识，及时把前沿的学习、工作、生活等先进理念，通过宣传灌输、文化渗透、典型带动等多种形式，对广大干部的思想、理念、精神和行为进行再塑造，激发每位干部职工追求理想、实现自我的愿望和热情，使"终身学习"、"学习工作化、工作学习化"、"快乐学习、快乐工作、快乐生活"等观念深入人心，通过锻造共同的、核心的价值观来凝聚整个组织的创造力和战斗力。

"培养干部领先素质"就是定位于以人为本，促进人的全面发展，强调关心人、理解人、尊重人、培养人，从广大干部职工的成才需求出发，积极为干部职工成长发展创造良好的学习条件和发展空间。不断创新教育手段，丰富教育形式，优化教育内容，以科学的知识启迪人，以先进的文化塑造人，以丰富的活动吸引人，以完善的机制激励人，以严谨的作风带动人，以高尚的情操影响人，以良好的理念凝聚人；不断打造高素质、复合型的国税人才队伍，为国税事业的长远发展提供智力支持和人才保障。

"力促全局良好风貌"就是在全局大力倡导忠诚事业、奉献税收、开拓创新、争创佳绩的新时期国税精神。教育干部职工增强责任感和使命感，引导干部脚踏实地，不断进取，在实践中建功立业，在创新中实现发展。努力营造尊重劳动、尊重知识、尊重人才、尊重创造的良好氛围。积极倡导爱岗敬业，热爱税收，恪尽职守，无私奉献的工作作风，充分调动广大干部职工的积极性和创造性，培养干部职工"以局为家、爱局如家"的归属感。大力开展各项精神文明创建活动，内强素质，外树形象，全面打造文明、和谐、富有活力的淄博国税品牌，努力塑造素质优良、管理科学、执法规范、服务满意的一流国税机关形象。

王文国：学习先进思想，传输前沿理念。
诠释：
马克思主义理论告诉我们，世界观决定方法论，作为培训中心负责人，要首先用发展的马列主义（毛泽东思想、邓小平理论、"三个代表"重要思想和科学发展观）武装自己，坚决贯彻执行市局党组的战略决策；要主动借助多种渠道广泛学习先进的思想，及时更新自己的理念，始终保持开阔的思路，把事关淄博国税工作发展的最前沿思路理解透，把激励人、培养人、塑造人、成就人的要求作为工作宗旨，把提升素质、培养人才、陶冶情操、鼓舞干劲作为首要任务，切实履行好自身岗位职责，想方设法不断增强干部队伍的政治、业务和文化等素养，为淄博国税事业长远发展提供智力支持和人才保障。

把传输当做一缕阳光，牢记合作是取之不尽的能源，"送人玫瑰手留余香"，在首先成就他人的同时，不断实现自己的理想、抱负和人生价值。

坚信正确的世界观必然带来科学的方法论，坚信淄博国税创建学习型国税机关的理念，一定会借助每一次心灵的撞击而深入人心并化作无形的动力，坚信淄博国税在伟大的创争实践中会使"前沿的理念再升华"，淄博国税的不断发展必将给包括我在内的所有淄博国税人带来更好更多的"满足"！

高祁英：不断学习，用知识更新自我；努力工作，用实践丰富自我；乐于奉献，用精神陶冶自我；奋勇向前，用行动超越自我。

安东志：凡人做实，小事做细；追求快乐，享受生活。

刘　霞：把简单的事情做彻底。

印　刷　厂

管理创新，市场导向，质量第一，顾客至上。

诠释：

进入21世纪，印刷企业间的竞争越来越激烈。一是顾客对产品质量的要求越来越高，个性化的需求和人性化的服务越来越多，多品种、少批量已成为包装印刷的发展趋势；二是在以往长期计划经济的影响下，企业的管理越来越不适应市场经济的发展需要，管理创新迫在眉睫；三是票证印刷的特殊性，对企业管理提出了更高的要求。因此，愿景体现了企业的经营实际和印刷业的一般生产规律，同时也兼顾了税务票证印刷的特殊性。企业的发展必须围绕经济效益这个中心，尊重市场经济规则，以质量第一、顾客至上为发展目标，通过创新管理手段、管理方式、管理理念，进一步提高企业管理水平，使产品质优价廉，顾客满意，同时实现企业经济效益的不断增长。

孙世照：管理创新并举，做强做大企业。
诠释：
作为企业负责人，运筹帷幄，高瞻远瞩，为企业的持续高速发展谋划好、规划好。为此，面对复杂的市场经济形势，特别是面对印刷行业的竞争态势，必须围绕经济效益这个中心，尊重市场经济规则，必须加强企业经营管理，通过创新管理手段、管理方式、管理理念，进一步提高企业管理水平，保持企业的创新力和生命力，做强做大企业。

朱学海：扎实工作，务实高效，为企业发展做贡献。
诠释：
作为副手，要始终给一把手当好助手和参谋，扎实做好每一项工作。一要知责，熟悉自己的分工范围和对象；二要协调，要善于协调分管的工作；三要主动，要主动完成自己分内的工作和正职临时分配的任务；四要精业，工作起来得心应手；五要钻研，要善于学习，成为行家里手，具有较高的专业素质和解决实际问题的能力。

张店国家税务局

中心城区国税人　务实创新铸辉煌

张店国家税务局位于淄博市政府所在地的中心城区，现有在职干部职工204人，下设6个科室、1个事业单位、1个办税服务厅、2个税源管理科、4个税源管理分局，代管市车辆购置税的征管，担负着全区6718户企业和6331户个体业户的税收征管工作。

张店历史悠久，属于龙山文化、大汶口文化的蔓延地带。金末元初，又以"黄桑店"闻名海外，有"商贾云集，日进万金"之说，是经历元、明、清三代的经济重镇。今天的张店是全市政治、经济、文化、金融、科技、信息流通中心，鲁中地区的重要商品集散地。2007年，累计完成国税收入29.1亿元，收入规模再创历史新高，为增加国家税收和促进地方经济发展、实现地方财政收支平衡做出了积极贡献。先后被授予"全省国税系统文明建设先进局"、"省级文明单位"、"全市国税系统基层建设先进局"等荣誉称号，办税服务厅先后被授予"全国三八红旗集体"和全国"巾帼文明岗"等荣誉称号。

▶ **共同愿景**

建一流队伍，创一流业绩，树一流品牌，全面打造和谐、法治、务实、高效的张店国税。

心灵灯塔

诠释：

在落实国家税务总局关于全员学习、终身学习的有关规定中，在市局建立学习型组织的有关要求下，通过认真总结张店国税局近几年的发展经验，本着科学征管、文明服务，构建和谐国税的工作思路，通过整理归纳、反复提炼，形成了张店国税的共同愿景。

建一流队伍：队伍建设是国税事业健康、和谐发展的基石。因此，要实现国税事业的全面发展，必须坚持以人为本，立足现实、着眼长远，通过强化管理、提升素质，不断完善育才、引才、聚才、用才的良好机制，进一步激发干部队伍的内在活力和动力，全面建设"政治合格、素质优良、作风务实、执法规范"的一流国税队伍，为张店国税事业的又好又快和谐发展提供强有力的人才保障和智力支持。

创一流业绩：坚持从科学管理要效能，不断促进税收征管的科学化、精细化管理；优化办事程序，提高办事效率，不断提高服务质量；坚持组织收入原则，保持税收收入持续快速增长势头，促进税收收入与国民经济协调发展，为推动地方经济建设的又好又快发展提供可靠的财源保障；不断激发税务干部的爱岗敬业、精业创业的热情，牢固树立争先创优的意识，积极争创全市、全省、全国的一流业绩。

树一流品牌：品牌是影响力，是凝聚力，更是战斗力。通过不断挖掘自身亮点、树立良好品牌，从而实现以点带面，进而促进全局素质的提升、形象的树立。在具体落实上，通过大力推进科学化、规范化、精细化管理，全面打造"文明高效"的国税品牌、"团结务实"的领导班子品牌、"熟练快捷"的业务技能品牌、"热情规范"的服务品牌等工作，不断推动全局理论创新、技术创新、管理创新和服务创新，进一步树立让上级放心、在地方有位、使公众满意的张店国税品牌。

打造和谐、法治、务实、高效的张店国税：这是张店国税发展的总体目标和要求。和谐，一方面实现内部与外部的和谐，与纳税人之间建立和谐的征纳关系，促进税收与经济的和谐发展；另一方面应实现内部之间的和谐，促进人与人之间、人与岗位之间、人与部门之间、部门与部门之间的和谐共赢。法治，是税收执法的永恒标准和灵魂，是干部职工遵循的行为准则。一方面涵盖规范执法程序，落实税收优惠政策，落实执法责任，保障国家利益，同时为纳税人营造一个公平、公正、公开的税收环境；另一方面将各项工作置于全社会监督之下，深化政务公开，打造阳光国税；务实高效，是指一切从实际出发，进一步完善用人机制、管理机制，依托信息手段，遵循科学规律，实施整体推进、全面发展，不断提高办税的质量和效率，为纳税人提供更加方便、快捷的服务，真正赢得全社会和广大纳税人的充分信赖。

▶ 局领导个人愿景

王龙田：静心、修身、养性——真心做带头人；
公正、廉明、勤政——一心做国税事；
求真、务实、高效——用心谋大发展。

诠释：

把为人处世作为一篇大文章来做，经常修己身、养己性、正己身，做一个勤思考、善谋划、慎用权，干部职工信任的带头人。把国税事业作为立身之本，作为实现人生价值的舞台，只要有利于国税发展的事，都乐于奉献、甘于奉献、勇于奉献，真正成为发展国税事业的出色排头兵。瞄准国税发展大目标，团结拼搏，努力进取，励精图治，力争干一流的工作，出一流的成绩，不断开创国税事业的新局面。

张秋波：心系国，行为民，成税业。

诠释：

自觉践行"聚财为国、执法为民"的宗旨，紧紧围绕国税事业发展的宏伟蓝图，坚持"情为民所系、权为民所用、利为民所谋"，用科学、求实的精神，依靠广大国税干部，凝心聚力，精心组织，科学决策，真抓实干，为建设阳光、效能、平安国税，发挥积极带头作用、模范作用、先锋作用。同时，言必信、行必果，与时俱进，开拓进取，努力开创工作新局面。

袁金根：用心修身，宽厚待人，做好天天必做之事。

诠释：

按照与时俱进的要求，加强党性锻炼，不断改造世界观、人生观，淡名利重事业，严律己宽待人，培养锻造良好的人品官德。牢固树立以国税事业为本的思想，保持健康的心态，聚精会神抓学习，发愤图强干工作，勤俭朴素修自身，做到守信不动摇，守责不含糊，守纪不越线，守德不放松。

商　君： 自警、自律，常怀公仆心；尽职、尽责，甘为孺子牛。

诠释：

勤政廉政，是每一位国家公务人员的道德规范，也是我多年来所坚持的人生目标和行动指南。作为领导干部，要正确认识手中的权力，慎用权力。要常思贪欲之害，常怀律己之心，勤政为民，扎实工作，多为纳税人办实事、办好事，尽心尽力，尽职尽责，做一名无愧于心的人民公仆。

张振兴： 以情感人，以德服人；尽职尽责，无愧无悔。

诠释：

树立公仆意识，用科学的理念、务实的作风，树立良好的国税干部形象，做好人、当好官、谋好事，真正赢得社会、单位和纳税人的充分信赖。自觉做到在其位、谋其政，尽职尽责，真抓实干，用心做好每一件事，不断实现人生价值目标。

伦建华： 当好助手，搞好服务，练好身体。

诠释：

作为一名副职，就是要抓好分管的工作，当好参谋助手，拉偏套，使正劲；站在全局的高度，心系纳税人，面向广大干部职工，服务于基层群众；注重身体锻炼，提高自身素质，老老实实做人，踏踏实实做事，兢兢业业工作，熟知本职业务，胜任本职工作，努力为领导班子出谋划策，为基层群众排忧解难。

胡正峰：用勤奋投入和谐国税建设，以平常之心追求生活安康。

诉释：

为人以实为要，工作以勤为本。作为一名国家公务人员要不断丰富自己的综合素质和道德情操，办实事、求实效，通过自己扎实勤奋的工作，在自己的工作岗位上建功立业。以一个平常的心态对待身边的人和事，立场坚定，公私分明，清正廉洁，秉公执法，积极为国税事业的发展做贡献，努力实现工作成效显著，生活幸福安康。

团队愿景和个人愿景

办 公 室

内强素质、外树形象，建立温暖、公正、向上、有向心力、凝聚力和战斗力的团队，发挥参谋助手作用，全力搞好服务保障。

诉释：

国税机关办公室，既是统领机关，又是服务保障单位，日常政务事务纷繁复杂。只有素质高、作风硬、形象好，才能更好地建言献策，理顺内外关系，创造性地服务全局中心工作。只有公正待人处事，舒心和谐创业，锤炼"三力"团队，才能激发每个人的内在潜能，竭力做好服务保障工作，努力建设一流科室，促进张店国税事业又好又快发展。

刘宝仁：老实做人，扎实做事。

诉释：

老实做人，扎实做事，是我们应当始终坚持的准则。为人处世要坚持原则，诚实守信。在道德上严守清白，精神上追求高尚，行为上坦荡磊落；在言与行上做到表里如一，言行一致。扎实做事是一种严谨的态度，也是一种科学的方法。老实做人、扎实做事，彼此联系，相辅相成。作为一名国税人，我只有如此，才能创造出色的业绩，实现人生的价值，获得人生的乐趣，为国税事业再创新的辉煌做出应有的贡献。

冯吉才：敬业奉献，用心服务，严谨协调，精益求精。
陈红利：用心学习，专心工作，诚心待人。
孙邢建：踏实工作，团结协作，与团队共同发展。

税政管理科

严格执法，热情服务；做平凡工作，创辉煌业绩。
诠释：
税务机关肩负着为国聚财、为民服务的重任，而税政管理是负责传达国家税收政策、法律、法规，为纳税人提供税收政策咨询及相关服务的重要机构之一。税政管理科在日常的管理中，要严格按照国家税收法律、法规及相关政策的要求进行执法，给纳税人创造一个公平、公正、公开的纳税环境，更要为纳税人提供税收政策咨询，特别是税收优惠政策的咨询、解释工作，在纳税人依法纳税的基础上，更多地享受国家税收优惠政策，保障纳税人的合法权益。税收管理工作是平凡的，但是它与国家的经济收入息息相关，税政管理就要在平凡的工作中加倍努力，为共建和谐国税尽最大努力。

王立军：全心全意做好服务工作，精益求精履行岗位职责。
诠释：
作为一名税务工作者，最重要的就是要做好自己的本职工作，在工作中，首先要精通业务，熟悉国家的各项税收法律、法规及相关政策，保持较高的专业胜任能力，在提高自己业务能力的同时，更要加强自己对职业道德的修养，提高自己的思想境界，在工作中做到全心全意为纳税人服务。

孙永国：身体力行树形象，克己奉公献税收。
耿　波：多一分微笑，少一分怨气；多一分敬业，少一分浮夸。

祝新颖：公正执法就是对纳税人最好的服务。

孙　琳：老老实实做人，踏踏实实工作，平平安安生活。

罗　涛：工作要做得出色，学习要养成习惯，家庭要用心爱护。

征收管理科

锻造团结、热情的优秀团队，树立高效、务实的工作作风，创一流工作业绩。

诠释：

锻造团结、热情的优秀团队：建设优秀团队，是做好征管工作的基础，我们征管科团队精神就是团结和热情。有团结的氛围，加以热情的精神，我们就能克服任何困难，攻克任何难关，无往而不胜。

树立高效、务实的工作作风：树立良好的工作作风，是我们征管科的一贯要求，面对繁多的业务工作，缺乏了高效、务实的作风，是不可能达到工作目标的。严格管理是征管科的一贯风格，作为执行《税收征管法》的主要管理部门，严格管理征管业务，是遵循好这部法律的根本保障。

突破创新：征管工作的一大任务是寻求工作创新，用新的理念、新的思维方式，取得征管模式的不断进步和发展，推动税收事业的不断发展。

争创全局一流工作业绩：是征管科工作的最终目标，是以上所有团队精神、工作作风、管理手段的汇集点。

刘爱华：静、勤、思、远。

诠释：

静：静心，以一颗平常心面对工作、学习、生活，只有静心，才能明晰。勤：勤奋，以蜜蜂般的辛勤来勉励自己，只有勤奋耕耘，才能换取甜蜜。思：思想（头脑）、思考（分析），寓意用心做事、脚踏实地。远，长远（目标）、远大（理想），同时也是谐音，一为女儿"媛"的名，愿孩子不断进步；二为父亲"元"的名，愿父母身体康健；三为"圆"，向往着幸福、快乐圆满。

作为一名新时代的税务干部，无论你将面对的是什么，我认为只有做好自己，才能无愧于国税的事业。

王晓东：融激情于工作和生活。
丁吉科：以人为本，金石为开。

人事教育科

风正、气顺、团结，建设和谐科室。
诠释：
"风正"之风是党风、政风、行风的总和，涵盖了思想作风、工作作风、生活作风诸方面。风正是做好一切工作的基础，是历史前进、事业发展、经济腾飞的保障，这对于一个国家如此，一个单位如此，一个科室亦如此。风正自然气顺。团结就是力量，团结出战斗力、出生产力、出务实高效的工作作风。只要我们紧密团结，上下一心，大事讲原则，小事讲风格，和谐科室的建设定能如愿。

夏　玲：挑战自我，努力拼搏，善待朋友，笑对生活。
张光青：让平凡的日子鲜亮。
杨晓云：快乐心情每一刻，努力工作每一天。
李　剑：要做就要做得更好，要干就要处处争先。

监　察　室

赤胆忠心为党，廉洁奉公行政；呕心沥血为民，鞠躬尽瘁奉献。
诠释：
作为纪检监察人员，不仅要有对党的赤诚忠心，还有对人民的满腔热血，一头牵着国家利益，一手系着人民群众。身处各种经济利益矛盾冲突风口浪尖上的国税纪检监察人员，坚持依法治税，秉公执法，做到"一身正气护税法，两袖清风保廉洁"。共产党是人民群众利益的忠实代表，甘为孺子牛的言行举止把自己实实在在地融入到人民群众之中。为了把自己真挚的爱献给祖国和人民，从点滴做起，从税不忘为人民服务，经常深入到企业了解生产经营情况进行调研，倾听纳税人的呼声与困难。面对繁重的工作，遇到难题时，出面协调，敢于顶真碰硬，竭尽全力，攻坚克难，默默奉献。

高庆今：吃百姓饭，穿百姓衣，兴百姓业，做百姓仆。

马承海：勤廉从政，事事尽职不图权轻权重；清白做人，处处守节无意患得患失。

周　文：出于公心自会宠辱不惊，两袖清风始终正气凛然。

计划统计科

没有完美的个人，只有完美的团队，以人为本管理，科学激励引导，营造宽松的工作生活环境。

诠释：

国税局作为聚财为国的执法部门，计统科又是国税局中重要的税收统计、计划部门，其发展思路、观念、模式必须适应新世纪、新阶段客观规律的内在要求，我们必须运用科学化精细化管理理念，从培植税源着手，帮助企业改组改制、运用各种税收优惠政策等将税收做大做强，将国税文化的内容用目标加以量化和细化，鼓舞和吸引计统科全体人员为实现目标努力并承担职责，确保国税文化主体功能的充分发挥。坚持以人为本，树立全面、协调、可持续的发展观。尊重人、理解人、宽容人，重视依靠人、培养人、完善人，激发人的热情，进一步调动人的积极性，在潜移默化中塑造人、提高人。通过各种行之有效的考核机制，真正实行能者多得、风险利益并举。通过各种创建活动及文体活动，增强团体的凝聚力和战斗力，使各项工作的开展得以顺利实施。

周世安：奋斗是我的性格，成功是我的目标。
朱科科：阳光下做人，风雨中做事。
杨桂莲：像蜜蜂一样辛勤工作才能享受甜蜜生活。
武海堂：为别人着想，意味着给你插上一对翅膀。

办税服务厅

凝聚团队力量，争创全市一流的办税服务厅。
诠释：
一支高素质的干部队伍是做好各项税收工作的前提。坚持以人为本，努力提高干部的综合素质，充分发挥每个人的能动性和创造性，做到人尽其才，积极营造朝气蓬勃、心情舒畅的工作环境和生活氛围，不断增强团队的凝聚力和战斗力。坚持依法治税，建立健全服务监督制约机制，提高税收执法水平和遵从法规的自觉性。深化纳税人至上的纳税服务理念，树立主动、积极的纳税服务意识，完善公平、公正、科学规范的纳税服务标准，构建新型的纳税服务体系，打造声名远扬的纳税服务品牌，真正实现"服务零距离、维权零障碍、办税零收费、管理零差错、保障零投诉"的目标，让国家放心，让纳税人满意。

张文娟：真诚待人，踏实做事，快乐生活。
诠释：
真诚是人与人之间和谐相处的纽带和桥梁。只有用心去沟通，才能营造"上下一欲，将士一心"的和谐氛围；只有用心去沟通，才能构建和谐的征纳关系。踏踏实实做好办税服务厅的每一项工作，真诚尊重纳税人，主动服务纳税人，切实方便纳税人。在快乐工作中营造快乐心境，在快乐心境中享受快乐人生。

程　骞：内强素质，外树形象。
辛　毅：文明、高效、先进、富庶。
娄合英：你满意，我快乐。

王衍红：以诚求成，共图发展；简单做人，用心做事。

马树勇：法治，充实，快乐，希望。

侯华丽：务实创新，奋发有为，依法行政，创一流佳绩。

李爱娟：珍惜生活每一天，快乐干好每件事。

王　伟：不断学习——用知识更新自我；努力工作——用实践丰富自我；乐于奉献——用精神感召自我；奋勇向前——用行动超越自我。

马希军：真诚对待纳税人，用心做好每件事；用真诚传递爱心，用爱心赢得信任。

冯　永：苦学业务，用过硬本领创一流业绩；真诚服务以满腔热情促征纳和谐。

陈　雯：做正直人，干实在事。

税源管理一科

打基础，上台阶，建好稽查坚实根基；练本领，磨意志，锻造稽查钢铁队伍；出实招，干实事，实现稽查科学目标；抓完善，求提高，创造稽查一流业绩。

诠释：

瞄准稽查事业发展的宏伟蓝图，凝心聚力，团结务实，通过建制度、抓完善、求实效，抓好思想建设、业务建设、精神文明建设和文化建设等，切实打牢稽查工作的根基。以人为本，选准发展的突破口，通过抓学习培训、实施岗位轮换、落实目标管理考核机制，努力打造一支廉洁、实干、创新的稽查工作队伍。务实际、求实效，紧紧围绕稽查工作各项目标，用稽查工作的新思路、新办法、新手段，不断加大稽查工作的力度，切实提高稽查办案的科学化、规范化管理水平。同时，团结拼搏，真抓实干，大力提升干部职工的积极性、主动性和创造性，努力树立良好的稽查干部形象，圆满完成各项稽查工作任务。立足国税实际，谋长远发展大计，抓宏观工程建设，力争干一流的工作，出一流的业绩，不断开创稽查工作的新局面。

焦玉生：我愿意自己和我的朋友们，都成为懂得感恩的人，对生活感恩，对社会感恩，对亲人感恩，对朋友感恩，对自然感恩……

诠释：

雨后初霁，约仨俩好友外出踏青，但见蓝天白云，水珠晶莹，鸟儿啾啾，流水潺潺，微风轻拂，枝条摇曳。送来阵阵迷人清香，不觉通体舒畅，身心愉悦，大呼"如此好景美色，真吾辈之福也！"只是不经意间一瞥，见一化工厂外，污水遍地，臭气熏天，心中大恨，以致数日郁郁不得欢。

我有一多年好友，每每相会，不是失约便是迟到，探秘究因，却是陪老母拉呱闲聊，为其做饭送衣。谈及老母，我友动情："我幼丧父，母亲抚养我们不易，感谢老天，使我有机会得以服侍老母，报恩于她。一个对父母不孝的人，何来对朋友有义，又怎能与之相交。"我辈听了不觉汗颜。

另有一友，长期感情闭锁，谈及社会，常常牢骚满腹，愤恨不已。忽一年屋漏偏遭连阴雨，丈夫弃家，女儿得病，其身心交瘁，难以支撑。危难之时，领导同事朋友，捐款赠物，嘘寒问暖，助其渡过难关。此君后来成为众多善事的组织者，领导者。

是之，便有以上"感恩"之愿景。

曹景超：和谐，幸福，快乐工作每一天。
徐翠玉：立足实际，勇于探索，不断提升素质和能力。
李　瑜：工作要用心，学习要虚心；待人要诚心，生活要开心。
朱鸿禧：认认真真做事，坦坦荡荡做人。
李　旭：感知、感悟、感恩；成长、成熟、成才。
戴建军：恪尽职守，奉献税收事业。

税源管理二科

治税，树人，团结，进步。

诠释：

治税：依法治税，就是依照法律、法规对税收工作的各个方面、各个过程进行规范化管理，全面实现税收征收管理的制度化和规范化。

树人：要全面提高税务干部的法律素质，使广大干部熟悉履行职责所必需的法律知识，提高运用法律手段解决涉税事务的能力。

团结："团结就是力量"。无论是在学习、工作和日常生活中，还是上下级之间、同事之间，我们都应以诚相待，以心相对，宽以待人，严以律己，和睦相处。从大局出发，从整体着想，不哗众取宠，不小题大做，而是实事求是，以情动人，以理服人。

进步：人人争当先进，个个都成为优秀的人才，体现了一种和谐发展的团队状态。

崔　蕊：务实，创新，爱岗，敬业。

宋立刚：诚实做人，踏实做事。

田传凤：勤勤恳恳做事，本本分分做人。

李　瑜：用平和的心态对待生活。

信 息 中 心

信息化助国税事业腾飞。

诠释：

税务信息化是税务部门在新形势下更好履行税收职能的必然选择。作为基层国税机关的信息中心，承担着本部门的信息化建设任务，这要求我们必须按照信息一体化的建设要求，切实围绕全局的中心工作，充分发挥信息技术的突出保障作用，立足当前，着眼长远，大力推进本单位的税务信息化建设，为确保全局圆满完成各项税收工作任务，为实现张店国税事业的跨越式发展做出突出贡献。

于永涛：诚心做人，踏实工作。

华志宇：兢兢业业，认认真真。

城区分局一股

一个税收管理员就是一个税收服务窗口。

诠释：

工作中坚持以公正之心待人，以公道的作风办事，采取常规工作分工负责制、专项工作分项负责制、主体工作分头督办制举措，使整个团队形成分工负责、密切协作的工作机制，努力形成团队合力。

公正执法，创效能国税品牌。深入推行和落实税收执法责任制，做到制度到位、责任到位、监督到位、奖惩到位；深入开展执法检查和效能监察，把握住执法检查效能监察的内容和方式，着力提高税收执法的质量和效率。以严谨、秉公、廉洁的执法态度文明征税，以勤勉、热情、文明、勇于创新的敬业精神，服务经济发展，服务纳税人。

人人做到用心做好每件事，认真对待每一天，做到友爱、进取、协同一家。

祝　虹：人生有目标，做事有原则，工作有追求。

诠释：

人生目标就是专心致力于税收事业，处处严格要求自己，做事、做人要有原则，同时熟练掌握业务知识，努力工作为纳税人提供高效优质服务，团结同志，宽以待人，任劳任怨，无私奉献，这就是最大的追求。

郭　琳：努力学习，转换心智。
耿加波：少说为佳，多干实事。
刘爱琴：勤学、勤做、勤动手。
宋琳霞：安详、舒泰。

城区分局二股

凝聚团队精神，共创和谐国税。

诠释：

作为一个优秀的、充满活力的集体，在每项工作中始终走在前列，靠的是一种向心力、一股凝聚力。在构建社会主义和谐社会的大背景下，我们也努力为实现和谐国税这一目标添砖加瓦。

首先，努力营造和谐的办税环境，牢固树立严格依法治税就是对纳税人最高层次服务的思想，坚持公开、公平、公正执法，最大限度地保护纳税人的合法利益，做到在执法中服务，在服务中执法，把优化服务体现到依法治税之中。

其次，坚持以人为本，努力营造各尽其能而又和谐相处的工作环境，激发干部队伍的活力，不断提高工作质量和效率，营造激励税务干部干事创业的良好氛围。

毛海嵘： 每天都汲取新的知识，每天都有点滴进步。

诠释：

知识是使人进步的阶梯，知识的范畴是很广的，无所不容。首先要学习做人的知识，然后再学习做事的知识。通过对新的知识的学习，可以不断充实自己，完善自己，做一个有思想的人，别人信得过的人。

胡　鹏： 抓好每项工作，关心每位同志，完成共同目标。
王　诚： 立足本职工作，奉献税收事业。
韩玉梅： 做正直的人，干实在的事。
付秋华： 科学、高效、减少重复劳动。
朱少娟： 学习奉献，为国聚财。

城区分局三股

为国聚财，为民服务。

诠释：

城区分局三股主要是针对张店城区的个体纳税人进行管理。在多年的基层一线工作中，城区分局三科的全体人员深切认识到税收是国家的财政重要来源，广大的纳税人是税收的源泉。税务工作既要服务于国家的总体需要，又要切实为纳税人服务，我们应当做国家和纳税人之间的桥梁。据此，我科提出了"为国聚财，为民服务"的愿景。

"为国聚财"是指在实际工作中，积极做好辖区内个体纳税人税源管理工作，切实保障国家的税源稳定，积极为国家筹集资金。"为民服务"是指在工作中，切实树立为广大个体纳税人服务的宗旨，提高办事效率，并积极开展税收法律法规的宣传和咨询工作，提高纳税人的纳税意识，以保证征纳工作的顺利开展。

王　军：诚实做人，踏实做事。

朱晓茹：扎实工作，充实生活，踏实过好每一天。

秦玉国：国税连着你我他，张店发展靠大家。

南定分局

创建一支政治过硬、业务精湛、作风务实、锐意进取的干部队伍，构建和谐、法治、高效、文明的税收环境。

诠释：

南定分局地处张店区主要工业区南定镇，每年实现税收收入十多个亿，税收任务重、税收工作量大。分局将严格按照学习型组织的要求，本着"以人为本"的指导思想，注重加强人才培养，实施人才工程建设，不断激发内部活力，提升干部职工队伍素质，力争建设一支富有激情、充满活力、素质全面的干部职工队伍。强化人员管理，整合内部资源，优化办税程序，减少办税环节，努力营造和谐的办税环境。严格税收执法，规范执法程序，落实税收优惠政策，最大限度地保障纳税人的合法利益。进一步完善用人机制、管理机制和激励机制，调动干部职工积极性和主动性，不断提高工作质量和效率，营造出干事创业的良好氛围。

魏孟胜：以人为本，厚德载物。

诠释：

时时处处以人为中心，注重发挥个人的潜能，不断激发调动个人的

心灵灯塔

工作积极性和主动性。注重个人自身修养，严以律己、宽以待人，视名利如水，重事业如山，用自己的实际行动带动人，用自己的宽厚道德影响人，做到以德服人，通过扎实、勤奋、认真地工作，努力为国税事业的发展做贡献。

李月明：让真诚和效率在你我之间传递。

傅　涛：提升自我，快乐工作，共享成功。

曹　宏：以工作创新为荣，以勤奋学习为乐。

包柏根：诚信待人，为纳税人服务。

于富春：奋力拼搏，自强不息。

湖田分局

执法让国家放心，服务让纳税人满意。

诠释：

作为一个团结向上的团队，所做的各项工作的目的就是人人尽职尽责，努力达到"让国家放心，让纳税人满意"目标，即严格依照国家法律、法规的要求规范执法行为，恪尽工作职守，发挥税收职能作用，强化税源建设，提高工作效率，确保完成收入任务。

王　平：向上迈一步，就有新高度。

诠释：

"没有最好，但有更好"；"不满足于当前，着眼于未来"；始终以一种向上的力量来昭示自己。一个人的工作标准同样决定着他努力的程度。能够正确地认识自我，扎扎实实地工作。基调定得好，努力有导向。好上有更好，努力换成功！如果努力向上再迈出一步，就会发现下一个需要你努力奋斗的目标！

付俊宝：做一名优秀的分局副局长。

苏旭宇：真情服务，用心工作，快乐生活。

孙　楠：微笑待人，热情服务。
丛曰旺：工作生活简单并快乐着。
金丽新：学习让自己快乐，快乐让工作高效。

马尚分局

凝心聚财为国家，文明服务为人民。
诠释：
分局本着以人为本的管理理念，始终将创建学习型机关作为提高队伍素质和管理水平的重要载体，紧紧围绕"聚财为国、执法为民"的宗旨，坚持组织收入原则，以征管基础促收入指标，以严谨、务实、廉洁、高效的执法态度，以勤勉、热忱、周到、文明、创新的敬业精神，服务区域经济发展，服务广大纳税人。强化服务意识，优化办税环境，从思想上明确严格执法与优质服务的辩证关系，牢固树立严格管理就是优质服务的理念，继续完善"绿色通道"工程，把建设"绿色通道"工程作为行风建设中的重点，服务工作中的亮点，实现工作上有新突破，服务上有新转变。实行换位思考理念，急为纳税人所急，想为纳税人所想，以全心全意为人民服务为宗旨，在服务上下工夫，在效率上做文章，切实维护纳税人的合法权益，做让纳税人满意的行政执法机关，在社会上树立起良好的国税形象，不断促进国税事业的全面发展。

于秀华：踏实做事，与人为善；敬业精业，任劳任怨。
诠释：
身为税务干部，要想做好本职工作，就必须具备丰富的专业知识，较高的政策水平和扎实的财经功底。在工作和学习中勤奋务实，刻苦钻研，坚持在工作中学习，在学习中工作，向书本学，向他人学，专心致力于税收事业，处处严格要求自己，熟练掌握业务知识，为纳税人提供高效优质服务，团结同志，宽以待人，任劳任怨，无私奉献。

姜　伟：严格执法，扎实工作；清白做人，公平待人；以人为本，以德服人。

吴冬亭：时时事事，有难必帮；角角分分，有税必征。

许　猛：每天都是全新的自我，快乐工作每一天。

刘聚军：依法服务纳税人，热情奉献每一刻。

淄博市国家税务局车辆购置税办税服务厅

聚财为国，服务为民。

诠释：

由于纳税群体的特殊化，市国税局办税服务厅（车辆购置税）的工作更具有挑战性，为了提供给纳税人更快捷、更优质的服务，办税服务厅紧紧围绕"聚财为国，服务为民"的愿景目标，在征收一线时刻奉行"我奉献，我快乐"，不断创优质服务，树文明形象，促进了工作水平的整体提升。在工作中，不仅要做到人人有职责，更要做到公正执法，做到制度、责任、监督、奖惩到位，努力提高税收执法的质量和效率。坚持在工作中学习，以学习促工作，让快乐学习、快乐工作、快乐生活的理念深入人心，不断激发全体同志的工作创新意识，从而形成团队合力，进一步增强团队的感召力、凝聚力。

张　莹：我奉献，我学习，我快乐。

诠释：

作为一名国税干部，我力求做好本职工作，公正执法。我深知要成为一名合格的税务干部，必须有过硬的税收专业知识，由于工作的要求，日常工作接触的税种很单一，我以培训学习为契机，借助省市局建立的各级学习网站，坚持边工作边学习，刻苦钻研，不懂就问，熟练掌握和运用税收业务知识。工作中我严格要求自己，为纳税人提供高效优质服务，努力树立国税新形象。

王志平：团结奋进创文明，求真务实出佳绩。

高春蕾：服务在我心，文明伴我行。

李秀玲：创优质服务，树文明形象。

淄川区国家税务局

松龄故里写春秋　锐意改革谱新篇

淄川区国税局坐落于世界短篇小说之王蒲松龄的故乡，现有干部174人，平均年龄38.6岁。下设7个税源分局，管辖纳税业户9761户。2007年完成税收收入11.36亿元，比上年增长35%。近年来，淄川区国税局先后荣获"全省国税系统文明建设先进局"、"省级文明单位"、全省"服务民营经济先进单位"、全市"文明服务示范单位"、"扶贫工作先进单位"、"党风廉政建设先进集体"等20多个市级以上荣誉称号，连年在行风测评中名列前茅，连续9年被区委、区政府荣记集体一等功。

▶ 共同愿景

规范执法，优质服务，团队系统管理，个人价值体现。

诠释：

规范执法和优质服务，是对外履行职责的两大核心，团队系统管理、个人价值体现，是对内实施管理的两个出发点和方向。执法是国税部门的天职，是实现"聚财为国、执法为民"的必要手段。服务既是体现党的群众路线，又是建立和谐征纳关系，健康发展国税事业的重要保障。团队理念和团队管理形式，是行政机关实现自身工作目标的一个有效途径，必须从战略的高度，建立起一套科学严密的管理机制。个人价值体现，是以人为本和人性化管理的一个重要思路，通过一系列人文关怀和激励措施，使每个成员在团队中体验生命的意义，从而激发工作热情，为国税事业奉献自己的青春和智慧。通过弘扬诚信、务实、争先、创新、和谐的淄川国税精神，提升干部综合素质，提高工作管理效能，改善纳税服务质量，树立一流的社会形象，达成这一愿景。

▶ 局领导个人愿景

任纪岳：带一流队伍，创一流业绩。
诠释：
区县局一把手的责任就是收好税，带好队。收好税，就是要通过科学化、精细化、规范化管理，不断提高收入质量和征管质量，在各个方面追求突破、创新，敢于、勇于、善于争创一流业绩。带好队，就是要率先垂范，以身作则，用人格的力量引导人、教育人、感化人，通过建立严密的干部管理机制和监督制约机制，打造一支有较强学习力、执行力、战斗力和创造力的干部队伍。

王世友：勤奋工作，谨慎做人。
诠释：
作为一名国税干部，肩负着为国聚财、管理服务、创造自身价值、实现人生理想等重任，必须把工作事业放在第一位，同时谨记做事先做人的道理。面对繁重的工作任务，要创新理念、创新方法、端正态度、努力完成。在做人方面要谦虚谨慎，做一名对国家对社会有用的人。要实现个人愿景，必须围绕共同愿景、全局工作重心，顾全大局，做好分管工作，争做人民满意的公务员。

常　泉：老实做人，扎实工作，健康快乐每一天。
诠释：
老实做人，是做人的根本，扎实工作，是做人的原则。人的一生是短暂的，所以要珍惜生活每一天，排除一切烦恼事，提高工作、生活质量，保持身心健康，快快乐乐过好每一天。

巩曰宏：做每一件事情尽心尽力，对每一项工作尽职尽责。

诠释：

一个人做事要有原则、有标准、有追求。做每一件事情尽心尽力，就是在自己力所能及的范围内，把每一件事情做到最好，并尽可能避免错误和失误。对每一项工作尽职尽责，就是在职权范围内，把每一项工作做得合法、合情、合理，以高度的责任感履行职责，以过硬的能力胜任岗位，以求真务实、廉洁自律的作风当好表率。

▶ 团队愿景和个人愿景

办 公 室

围绕决策，管理有序，运转灵活，搞好服务。

诠释：

办公室工作复杂、琐碎，参谋、协调、服务、保障是办公室的主要职能。近几年来，办公室紧紧围绕中心工作，在协调服务和为领导决策服务方面做了一些积极的探索，为更好地为领导、为机关、为基层服务，推动各项工作的顺利实施，我们确立了这一共同愿景。

为了实现这一共同愿景，我们将从提高工作人员素质入手，树立良好的工作作风，着重在"苦"、"实"、"新"、"精"上下工夫。"苦"就是要不怕辛苦，甘于吃苦，淡泊名利，乐于奉献。"实"就是做人要诚实，工作要踏实，生活要朴实。"新"就是要增强创新意识，防止和克服满足现状、不思进取的现象，不断推进思维、学风、文风、会风和服务创新。"精"就是要一丝不苟，精益求精。

孙　峰：踏踏实实做事，实实在在做人。

诠释：

做事就要实事求是，踏踏实实。想问题、办事情、做决策都要符合自己的实际，坚持一切从实际出发，既积极进取，又量力而行，要办实事、求实效、察实情、讲实话；其次是把实事做细，把实事做好，使细微环节得以落实。

做人就是要真诚厚道，实实在在，不为名、不为利、勤奋工作、乐于奉献。

刘传海：用心做好每件事，快乐生活每一天。
陈　玲：踏实做事，至诚做人。
高翠萍：脚踏实地，快乐工作。
刘业祯：勤学，勤思，勤劳，勤俭，勤恳。
黄　伟：爱岗敬业，愿为税收献一切；理解沟通，快乐工作每一天。

税政管理科

政策落实到位，服务文明周到，团队精神一流，科室工作高效。

诠释：

作为政策管理部门，政策落实到位是关键，政策落实到位就是对上级制定的政策及时、准确、全面贯彻落实，政策只有落实到位才能保证政策的贯彻不走样；服务文明周到是保证，纳税人为国家创造税收，国家实力增强了，才能繁荣昌盛，才能实现小康社会，只有文明周到才能让纳税人满意，社会才能和谐，才能使党和国家对纳税人的关怀得以体现；团队精神一流是保障，一流的团队精神，心往一处想，劲往一处使，才能形成合力，齐心协力、同舟共济，才能保证做好各项工作，树立国税干部好形象；科室工作高效是目标，效率提高了，就会在同样的时间内创造更大的效益，就会争得主动，就会抓住战机，就为争创一流奠定了基础，才能不断创新，取得优异成绩。

陈良田：学习能力与日俱增，工作水平不断提升。

诠释：

当今时代是知识爆炸的时代，学习能力的提高显得尤为重要，只有不断提高学习能力，才能跟上时代的步伐，不被时代所抛弃，通过提高学习能力，来提升工作水平，胜任本职工作，实现人生的价值。

肖洪波：业务熟练，作风优良。

滕少伟：在本职岗位上体现个人价值。

司继平：平安、快乐每一天。

王艳丽：严格执法，执法为民。

征收管理科

以人为本，激情向上，和谐发展，满意服务。

诠释：

建立学习型组织，必须以人为本，使每个人都能发挥特长，同时通过不断培训使每个人都变成多面手；对每一个职工都要有一个准确的定位，使每一位职工都能充分发挥自身的特长，切实解决人尽其才的问题。构建和谐社会，要从我做起，从身边做起，人、家庭、社会、单位都是构建整个社会的细胞，只有这些细胞和谐了整个社会才能和谐，只有整个社会实现和谐，才能实现整个社会的发展。纳税服务是世界各国税收征管发展的一种潮流和趋势，我们建立学习型组织的最终目的是为了更好地服务于人民，让人民满意才是我们的最高理想。

车瑞国：开拓创新，做服务经济的典范。

诠释：

大局就是全局，就是发展趋势。凡是涉及全局的事，涉及人民群众的根本利益的事，就是大局。领导干部所从事的工作，都必须是整个事业的组成部分，只有胸中有大局，将自己所担负的责任与全局联系起来，认清自己的地位，才能工作得有方向、有意义、有章法、有轻重缓急。把握全局，才能更好地进行征管改革，才能更好地为经济服务。

心灵灯塔

孙鹏飞：清廉高效，做乐于奉献的表率。
杜　祥：敬业爱岗，做一流工作的中坚。

人事教育科

以人为本，科学管理，提高素质，增强活力，为国税事业提供强有力的人力支撑。

诠释：
加强干部队伍建设是人事教育科的一项重要职能。要重视发挥每一个人的作用，通过一系列人文关怀和激励措施，让每个人认识到自身工作的价值和生命的意义，从而保持强烈的责任心、事业心和饱满的工作热情；要建立严密的干部管理、政治教育、学习培训、能级管理、文明创建、公务员考核等工作制度，推行人性化、制度化、经常化、精细化管理；树立"素质是第一生产力"的观念，开拓有效的教育培训渠道，落实公平的激励机制；以发挥国税文化引导作用为抓手，树立团队意识，增强干部队伍凝聚力、向心力和战斗力。通过完善激励机制、开发多层次学习、开展有效培训、提升管理文化、推行科学化管理，实现这一愿景。

王　永：尽最大努力，发挥科室职能作用。
诠释：
尽最大努力，就是牢固树立"工作第一"的思想，竭尽自己的全力，积极开展工作，以人事管理为基础，教育培训为载体，大力加强思想政治教育，为国税事业健康发展提供强有力的智力支持。

李　琳：教育培训入人心，素质面貌展新姿，考核竞赛争
　　　　一流。
诠释：
教育培训开展到什么程度，直接关系到全局干部职工的素质建设和国税事业的整体发展。开展教育培训工作，首先要脱离形式主义的影响，通过思想疏导、引导和渗透，使教育培训成为每个人自愿参与并借以提高

素质的必要手段，继而多渠道开发载体，扎扎实实组织教育培训，步步推进教育成果，使人员素质得到全面提升，国税整体面貌有一个大的改观，在活动竞赛中总能脱颖而出，取得一流成绩，从而铸造不败之师。

魏晓颖：人员管理系统化，工资管理精细化，档案管理标准化，统计管理信息化。

监察室

营造崇廉气氛，完善践廉机制，实现以廉兴税，打造文明之师。

诠释：

以廉政文化建设为契机，在全局营造以廉为荣、以贪为耻的廉洁氛围。开展社会主义荣辱观教育，引导干部树立正确的世界观、人生观、价值观；开展预防职务犯罪教育，引导干部珍惜岗位、自己和家庭；开展廉洁勤政先进人物宣传教育活动，用先进的精神和力量鼓舞、激励广大干部，引导干部进一步筑牢拒腐防变的思想道德防线；开展给干部家属的一封助廉信、一份廉政倡议书、一张联系表活动，用亲情筑起协廉护廉的防线；通过"廉政谈话提醒"、"税务人员承诺书"，将监督制约关口前移，把问题消灭在萌芽状态；开展与工人师傅"比工作环境、比劳动强度、比工资待遇"社会实践活动，教育干部职工爱岗敬业，秉公执法，树立良好的国税形象。

王　鹏：争先创优从我做起。

诠释：

从事税务工作二十多年来，无论是在基层征收一线，还是在机关科室工作，始终坚持"正人先正己、做事先做人"。特别是从事纪检监察工作以来，更是严格要求自己，凡事以身作则，要求别人做到的自己必须首先做到，事事率先垂范，团结和凝聚科室人员的力量，争先创优，不断超越自我，努力创新工作思路，努力使全局纪检监察工作再上一个新台阶。

郭晓霞：廉政文化进机关，以身作则当表率。

计划统计科

建立学习型团队，团结向上，正风蔚然。

诠释：

所谓团队，就是充分发挥每个员工的创造性的能力，努力形成一种弥漫于群体与组织的学习气氛，凭借着学习，个体价值得到体现，组织绩效得以大幅度提高。团结向上，体现了一种团队的精神面貌，一种工作凝聚力，一种攻无不克的力量。正风蔚然，是与学习团队精神密不可分的，有了正风才有向上的活力，才有生命的活力，才有公平、公正，执法为民才能充分得以体现。

史桂珍：爱岗敬业，尽职尽责，团结和谐。

诠释：

爱岗敬业是我热爱税收事业，认认真真工作，踏踏实实做人的由衷意愿，尽职尽责是我热爱岗位、热爱工作、有岗尽职、有职尽责的自我要求。团结和谐是我对工作协作、团队氛围、人与人关系的愿望。

高淑琴：不说空话办实事，一心一意干工作。
胡　泊：努力学习，充实自己。
张洪泉：老骥伏枥，心系税收。
何宏伟：个人与团队和谐发展。

办税服务厅

以人为本，快乐工作，一流服务，和谐发展。

诠释：

以人为本就是要关心人、爱护人、激励人、培养人、成就人，重视个人能动性和创造力，为个人成长创造条件、提供平台，调动全员积极性。快乐工作就是要有一个团结和谐的工作环境，有一个胜任工作的健康体魄，保持天天有个好心情。一流服务就是要树立纳税人至上的服务理念和主动积极的服务意识，塑造公正执法、文明征税、优质高效、廉洁奉公的新形象。和谐发展就是要实现大厅团队内人与人之间的和谐，促进个人的全面发展；实现团队与个人之间的和谐，促进团队和个人的共同发展；实现国税与企业之间的和谐，促进国税和企业的共同发展。

刘　敏：办好税，服好务；带好队，树新风。
诠释：
"办好税、服好务"是办税服务厅工作人员的"天职"，要求我们忠于职守，爱岗敬业，一流管理，创新服务。"带好队、树新风"就是要坚持以人为本，重视个人能动性和创造力，为干部成长创造条件、提供平台，最大限度地调动全员的积极性，建立一支服务满意、文明高效的国税队伍，使国税形象受到社会普遍好评。

贾兴华：尽职尽责每一天。
翟军生：为自己而工作，让工作变得有意义。
张　红：在工作中学习，在学习中成长。
杜春妹：立足岗位，尽职尽责，健康快乐每一天。
黄龙泉：快乐学习工作，微笑面对人生。
陶　锋：工作中追求完美，生活中追求幸福。

税源管理科

执法公正严明，服务优质高效；构建和谐环境，促进外企发展。
诠释：
围绕新时期税收中心工作，以提升执法水平、激发干部活力、强化管理、提高效能为核心，以构建和谐税收环境为依托，拓宽为涉外企业服务的渠道，积极营造爱岗敬业、无私奉献、公正执法、文明服务的浓厚氛围，进一步增强干部队伍的学习力、创新力和执行力。实现精通业务，纪律严明，廉洁奉公，文明征税，优质高效，科学规范，精细管理，创造优质的服务环境，促进外资企业发展的工作目标。通过自我超越，建立起以学习文化和创新文化为核心的先进和谐的组织文化，不断提升文化修养和综合素质，逐步实现规范的文化管理理念，不断增强组织的向心力和创造力，建设和谐的国税新形象。

周荣海：以人为本，创建良好环境，使全体同志快乐工作每一天。

诠释：

始终坚持以人为本，抓住同志们的思想，人性化的管理队伍，急同志们所急，真诚地与之沟通、交流，使全体同志在舒适，无后顾之忧的环境中快乐工作。通过自我超越、提炼共同愿景，改善心智模式、开展团队学习、加强系统思考，建立起以学习文化和创新文化为核心的先进和谐的组织文化。

董家安：创一流国际税收管理。
韩立新：实实在在为人，扎扎实实做事。
李爱华：用心做好每件事，真诚对待每个人。
李捍卫：励志爱岗，在平凡的岗位上做出优异成绩。

稽 查 局

团结协作，以查促收，共铸"和谐稽查"。

诠释：

税务稽查包括选案、审理、稽查、执行四个环节，内设机构较多，各个岗位之间的团结协作显得格外重要。也只有团结协作，才能保障稽查以查促收的职能。要共铸"和谐稽查"，就要紧跟和谐社会建设步伐，转变税收稽查执法理念，实行稽查准入制度，完善服务前置举措，探索和谐稽查执法新模式。以教育切入，确立先进的学习理念，使学习成为整个稽查局基本生存状态和运行准则，建立社会化的学习型组织，形成由基础教育、职业教育和继续教育组成的、完整的、开放的、高质量的终身教育体系，培养一支创新型、复合型稽查人才队伍。

刘廷河：团结，和谐，务实，争先。
诠释：
团结是强调团队意识、求同存异、团结奋进；和谐是紧跟和谐社会建设步伐，转变税收稽查执法理念，完善服务措施，探索和谐稽查执法新模式；务实是强调实事求是、坚持讲实话、出实招、办实事，发扬求真务实的工作作风；争先是解放思想、与时俱进、自强不息、追求卓越，争先创优。

刘　彬：快乐学习，争当业务能手；勤奋工作，争创一流业绩。
诠释：
学习型干部职工是学习型国税机关的最基础、最充满活力的细胞。作为国税部门的一分子，要将快乐学习作为终生追求的目标，充分利用一切可利用的时间来学习，并做到学以致用。只有通过学习增强技能，锻炼本领，才能在工作中不断丰富知识水平，将工作做得更好，才能成为本职工作的行家里手，才有能力争创一流业绩。

孙伯勇：不说空话办实事，一心一意干工作。
徐　辉：读高雅书，行有品事，做有用人。
辛　芳：宽容，快乐，感恩。
刘兆辉：爱岗敬业，业务熟练，勤政廉政，奉献国税。
薛立忠：精通稽查业务，提高稽查水平，争做稽查业务能手。
祝训鹏：精研业务，细致工作，以查促收。

信 息 中 心

加强团队学习，提高工作能力，增强服务意识，争创一流业绩。

诠释：

健全学习制度、完善学习机制，做到科学化、经常化、制度化和规范化。使集体和个人利益相统一，进一步增强团队意识和团队精神，将个人命运与集体命运联结在一起，使每个人都有归属感、参与感和责任感，从而发自内心地、主动地、自觉地开展和完成好各项工作，从被动的"要我干"，到主动的"我要干"，充分调动每个人的工作积极性和主动性，更大程度地发挥个人潜能。在工作和学习中，增强服务意识，彼此间互相帮助，团结协作，增强凝聚力和向心力，营造团结紧张、蓬勃向上、和谐共进的科室氛围，立足现实，勤奋学习，抓住机遇，迎接挑战，敬业创新，开创国税信息化建设工作新局面。

张　巽：勤奋学习，敬业创新。

诠释：

知识是人类长期艰苦实践的结晶。求知，等于走成才之路的捷径。在新的形势下，国税工作既面临着严峻的挑战，又面临着难得的发展机遇，而国税干部肩负着重要的历史使命。只要勤奋学习，重视品德修养，立足现实，敬业创新，就一定能够抓住机遇，迎接挑战，开创国税工作新局面。

王明江：精心对待每一天，认真做好每件事。

城 区 分 局

创建勤奋敬业、服务优良、务实创新、作风过硬、清正廉洁的基层国税机关。

诠释：

每一个税务干部都是本岗位职责的履行者，每个税务干部都要在自己的岗位上充分发挥主观能动作用，拉近与纳税人的感情，实现由"管理型"向"服务管理型"的角色转变，将税收服务贯穿于税收征收、税收管理、征收监控、税务稽查、税收法制、税务执行、支持经济发展全过程，为纳税人提供公平、公正、快捷、高效的办税服务。作风过硬，重点强调依法规范行政机关的行政行为，把行政机关的行为纳入法律约束之下。廉洁自律，要求国税部门依据法律开展税收管理活动，遵守廉政纪律，维护国税干部的良好形象。

王永俊：爱岗敬业，率先垂范，业务过硬，廉洁奉公。
诠释：
在税收工作岗位上，认真学习贯彻党的路线方针政策，兢兢业业，尽职尽责，勤奋工作，完成任务；发挥党员模范带头作用，自觉遵守组织纪律、工作纪律和廉政纪律；结合实际，刻苦学习业务知识，掌握国家税收政策和法律法规，严格执法，依法办事；牢记宗旨，廉洁从税，无私奉献，全心全意为人民服务。

孙兆波：奉献在岗位，工作创一流。
孙　超：牢记头上有国徽，公正执法每一天。
刘　平：老骥伏枥，老而弥坚，为国税事业奉献力量。
李　强：励志爱岗，奉献于岗，在平凡的岗位上做出非凡的成绩。
张海青：活着，少一点虚伪，多一份质朴，让生命活出精彩。
宋增军：热爱生活，为社会为家庭奉献爱心；热爱工作，为建和谐国税添砖加瓦；热爱学习，为充实自己活到老学到老。
陈丰君：不尽责愧疚如同负罪，尽了责心安获得幸福。
张宗江：精业敬业——精业保证敬业有术，敬业激起精业不辍。
房师涛：刻苦钻研，精通业务，兢兢业业工作。

龙泉分局

依法治税，科学管理，努力提高干部素质、管理效能、服务质量和执法水平。

诠释：

税收管理工作随着时代的进步，每一天都有日新月异的发展，这就给我们的干部提出了更高的要求。要干好自己的工作，在其位谋其职，必须严格依法治税，做到有法必依，执法必严；必须从身边的小事做起，以自身的人格完美为前提。一个好的干部从来不以他的职业素质谋求一个社会职位为目的，而是一定以修身为起点，从最基础的、内心的完善做起。以提高税收服务质量为保障，深化科学化、精细化管理，营造公平正义的税收环境，实现为纳税人服务与税收执法相统一，践行税务工作职责。

曹 滨：团结同志，言必信，行必果，不辱使命。

诠释：

说话算数，承诺的事情，一定要做到，这是一个人做人最起码的标准，但做起来并不容易，这个最起码的标准就是我的起点，干好每一项工作，执法为民、为国聚财。

王 军：严格执法，文明服务，做服务经济的标兵。

刘 勇：诚信服务，让纳税人满意。

崔 卫：高效与清廉并举，服务与文明共存。

寨里分局

以人为本，和谐发展。

诠释：

把国税事业要立足于全体国税工作人员的理念，作为我们事业发展的根本动力和事业发展的目的之一，按照科学发展观的要求，使国税事业全面协调可持续发展。与此同时，使国税人得到全面发展，实现人和事业的协调发展，并将人的发展作为事业发展的前提。

马恒亮：团结分局全体同志，全面完成各项任务。

张振桐：从点滴做起，从小事做起，扎实做好工作。

李　伟：强化基础工作，提升工作水平。

陈卫文：全面提高税收业务水平，争当业务能手。

杨寨分局

勤政、高效、务实、争先，创建一流国税基层分局。

诠释：

作为一个经济执法部门，要做到公平、公正、公开，热情、周到、文明，为纳税人创造一个和谐的税收环境，这是税收工作的宗旨。勤政就是要干好本职工作，勤勤恳恳，任劳任怨，公正执法，热情服务。高效就是要有较高的工作效率，尽职尽责，高效完成本职工作，保质保量按时为纳税人提供优质服务。务实就是要脚踏实地干好工作，不要追求一些虚假、不切实际的东西，沽名钓誉不利部门形象。争先就是要干好各项工作，在各项考核中争第一。只要树立了勤政、高效、务实、争先的整体形象，就能建设一流国税基层分局，实现我们的愿景和目标。

魏　波：率先垂范，建设模范基层分局。

诠释：

作为一个基层部门的带头人，时时以身作则，严格要求，处处率先垂范，奋勇争先，团结和带领同志们认真履行岗位职责，积极抓好各项税收工作，做到有第一就争，有红旗就扛，甘当排头兵和领头雁。以高尚的人格魅力去感染人，以工作上的高标准去要求人，以生活上的低水平去影响人，以学习上的经常化去带动人。廉洁自律，公道正派，争先创优打造一流的基层团队。

李新春：爱岗敬业，恪尽职守，业务考核争第一。

程德武：收好税，服好务，为国税添光彩。

司海涛：诚挚勤勉，快乐工作。

沈宏卫：收好收足税，征纳关系更加和谐。

王　刚：踏踏实实工作，健健康康生活，清清白白做人。

城南分局

凝心聚力，务实创新，规范执法，优质服务。
诠释：
凝心聚力就是坚持以人为本这一理念，构建和谐团队，突出人的主观能动性，凝大众之心，聚全局之力。务实创新，就是要坚信务实、诚信是兴局立身之本，开拓创新是一个单位不断进取的不竭动力。规范执法，就是要创新体制、健全机制、完善制度、规范管理。优质服务，就是要渗透服务理念，变浅层次服务为实效服务，不能仅限于从文明建设、职业道德的层面上理解，而必须把它作为税务部门的一项义不容辞的法定义务。

李爱国：当好班长收好税，科学管理带好队。
李　凯：虚心学习，树立信心，赶超先进。
韩玉明：在工作中学习，在学习中进步。
白春雷：创国税标兵，树行业新风。

商家分局

工作学习两促进，团结创新争一流。
诠释：
"工作学习两促进"，一方面是工作学习化，就是把工作的过程看做学习的过程，在工作中不断反思进行学习；另一方面是学习工作化，就是把学习和工作一样对待，把学习作为重要的工作内容，两者相互融合、相互促进。"团结创新争一流"就是增强团队的凝聚力和向心力，勇于开拓、创新载体、创新思路，努力打造一流团队。

国树春：廉洁勤政，与时俱进，团结开拓，争创一流分局。

诠释：

愿景的建立是实现工作目标的保障，是奋发向上、争创一流的路标。"廉洁勤政"就是廉洁自律、爱岗敬业、以身作则、两袖清风，增强与团队成员之间的亲和力；"与时俱进"就是紧扣时代精神和时代脉搏，与当前税收改革发展的新形势相适应；"团结创新"就是与分局一班人和谐相处，形成凝聚力，勇于开拓，创新思路，不断为团队注入活力；"争创一流分局"就是通过不断进取，努力打造一支技术过硬，敢于变革，勇于创新的团队，争创一流业绩。

刘学强：和谐相处，开发潜能，创新进取，共同发展。
赵东升：互帮、互学、互助，每天都有新进步。
刘长军：激情工作，快乐生活，自我超越，追求发展。
吕秀梅：不求最好，只求更好。
李玉文：人性执法管理，共建税企和谐。

西河分局

路远，服务不远；地偏，执法不偏。

诠释：

作为地处山区的农村基层分局，税源分散，交通不便。为方便纳税人，就要提供优质快捷服务，贴心式服务，让纳税人真切地感受到路远，服务不远。不能因为地处偏远就放松了执法，要加强工作人员执法执纪教育，做到公平公正、文明诚信执法。秉承诚信执法是总的纲要，创建和谐税收是最高目标。一方面抓教育，引导干部职工树立为国聚财的自豪感和荣誉感，树立为山区人民服务、为山区经济建设服务的责任感，一方面抓管理，完善以人为本的管理机制，实行科学的激励引导机制，营造争创国税系统先进基层分局氛围。

翟　凯：诚信执法讲公正，文明服务讲和谐，廉洁自律讲无私，率先垂范讲表率，开拓创新讲一流。

诠释：

在创建学习型组织，构建和谐社会的今天，国税人的追求要更全面、更丰富。文明、公正、诚信执法，是做好税收工作的保证；以身作则、清正廉明，作风正派，率先垂范才能团结同志，开拓创新，争创一流工作业绩。只有不断增强自身政治业务素质，增强争先创优意识，实现愿景的步伐才能越来越快。

王敬友：锐意进取乐于奉献，精钻业务争创能手。

诠释：

常年在山区工作，要保持一个好的心态，牢记奉献，不忘进取，心中的路就会越来越宽广。当前对税收业务的要求日渐增高，不增强个人素质就会落后，所以要力争在各方面争先进、创一流、做能手。只有树立先进的学习理念，不断超越自己，提升自己，才能实现愿景和目标。

唐镁增：践行学习新理念，实现个人素质的跨越和提升。

贾玉柏：执法零过错，办税零过失，服务零距离。

博山区国家税务局

汗洒孝妇河畔　情系国税事业

　　博山区国税局成立于1994年，现有正式干部124人，下设8个科室，7个税源管理分局，1个事业单位，1个直属机构，主要负责14个乡镇6800余户纳税业户的税收征管工作。2007年在博山区经济受国家宏观政策调整、原材料价格偏高、部分重点税源企业税收收入大幅下滑的情况下，区国税局采取措施，挖潜增收，完成税收收入9.15亿元，创历史新高，增幅达29%。博山区国税局先后被省文明委评为省级文明单位，并被山东省国税局授予"文明建设先进局"，在行风评议中连续九年获得全区第一、行风建设先进单位等荣誉称号。区局党组书记、局长刘书海同志被中华人民共和国人事部、国家税务总局联合表彰为"全国税务系统先进工作者"。白塔分局被团省委、省国税局授予省级青年文明号，山头分局被评为省级文明建设先进单位，3个分局先后被评为市级青年文明号。

▶ 共同愿景

　　社会满意，地方有位，和谐创新，省内一流。
　　诠释：
　　2007年初，按照创建学习型组织统一规划的要求，结合我局工作实际，在全体干部职工中开展了构建共同愿景体系的工作。经过广泛地征求大家的意见，层层筛选，全面汇总，逐步对核心价值观、为税宗旨和职业道德形成了一致看法，结合博山区国税局的实际情况形成了"社会满意、地方有位、和谐创新、省内一流"的共同愿景。这一愿景的提出，既是一个目标，也是一种动力和压力。只有上下齐心，激发大家努力工作、努力学习，不断地实现自我超越的斗志，最终才能实现这一目标。

基层国税部门作为重要的地方经济管理和执法部门，要实现总局提出的"带好队，收好税"的管理要求，发挥好自身的职能作用，必须要做到内强素质、外树形象。首先要练好内功，不断加强队伍建设，提高干部队伍整体素质，提升内部管理效能，努力营造风正、气顺、心齐、劲足的氛围；其次要不断提高干部的执法和服务水平，达到内外和谐，使党委政府满意，纳税人满意，树立国税部门的良好社会形象。只有学习才会有创新，只有创新才会有发展，只有发展才能使国税事业永葆青春。我们就是要通过创建活动的深入开展，使创新成为大家一种自发的行为，融入到税收工作的方方面面，最终实现一流班子带一流队伍，树一流形象、创一流业绩的目的，把博山国税建设成为与时俱进，开拓创新，调控有效，持续发展，务实高效，人才辈出的开放型国税机关。

▶ 局领导个人愿景

刘书海：以人为本，改革创新，强化管理，发挥职能，打造一流国税队伍，创造一流国税业绩。

诠释：

国税工作要达到更高更新的目标，创造更新更大的成绩，就必须不断地更新管理理念、学习理念，创新理念，建立国税系统的共同愿景，将学习型组织建设深入到国税工作的方方面面，树立"税收发展，教育先行"的理念，努力做到学习工作化，工作学习化。坚持以人为本，改革过去那些陈旧的管理模式，不断学习新的方法，确定新的目标，研究新的办法，创造新的工作亮点，使国税工作得到全面发展，人员素质得到全面提升，将国税事业不断推向前进。

司书剑：同心同德，创和谐一流的博山国税。

诠释：

任何一个单位，不论大小、级别高低、人员多少，人都是决定性的因素，只有人人平等，和谐相处，心往一处想、劲往一处使，才是战胜困难，勇往直前的决定性因素。俗话说，人心齐，泰山移，如果人心涣散，一人一把号，各吹各的调，人越多，心越散，不但形不成合力，相反还会起反作用。如何能做到同心同德，领导首先要率先垂范，身先士卒，先天下之忧而忧，后天下之乐而乐，善待自己，更要善待别人，一律平等，疑人不用，用人不疑。同时作为副手、中层、与一般同志紧紧围绕一把手，团结在一把手周围，令行禁止，形成合力，就会创造一流队伍，创造一流业绩，成为坚不可摧的战斗堡垒，真正达到"1＋1＞2"的效果。

李奉海：加强学习，完善自我，和谐发展。

诠释：

加强学习，不断更新知识，不断改造世界观、人生观、价值观，增加工作的技能；团结互助，加强班子成员之间的沟通，加强与同志们的沟通，达到和谐共事；加强政治思想修养，发挥一名党员的先锋模范作用；不断增强纪律观念，加强纪律性，努力做到令行禁止，增强胜任意识；坚持批评与自我批评，不断反省自己，做到自省、自警、自强。

李同欣：学习，创新，超越自我。

诠释：

树立活到老、学到老、终身学习的理念。学习的精义不是仅仅吸收知识，而是修正行为，也就是修行、修心、修炼、大觉大悟，是自我超越。在实际的税收工作中，就是要从"工具性"的工作观转变为"创造性"的工作观，不仅仅局限在按照领导安排、按照传统的工作经验和方法完成本职工作，而是要突破传统观念的束缚，将自己学习所获得的智慧和成果用于税收工作。

刘　强：强化团队意识，廉政勤政，创新进取，积极搞好党风廉政建设。

诠释：

强化团队意识，在区局党组领导下干好本职工作，争创一流业绩。以全面加强干部队伍作风建设为目标，廉政勤政，锐意进取，在做好本职工作上下工夫。标本兼治，综合治理，惩防并举，注重预防，突出抓好惩防体系建设、廉政文化建设、行业作风建设和预防职务犯罪工作，认真落实好各项廉政规章制度，努力从源头上预防和治理腐败，促进博山国税工作再上新台阶。

▶ 团队愿景和个人愿景

办 公 室

上情下达，下情上达，协调有序，保障有力。

诠释：

之所以将"上情下达，下情上达，协调有序，保障有力"作为团队的共同愿景，是由办公室工作的职能和作用来决定的。因为办公室是区局的一个综合职能部门，是区局与上下级之间、与兄弟部门之间、与地方政府之间、与社会各界之间进行联系与沟通的一个桥梁与纽带。办公室的工作头绪多、任务重，要想完成好工作任务，当好税收工作的总后勤，为税收工作提供坚强有力的保障，使领导满意，使同志们满意，不是一件容易的事情。"上情下达，下情上达，协调有序，保障有力"是对办公室工作的总体要求，也是办公室的全体人员为之努力的一个共同目标。因此，办公室全体人员要按照建立学习型组织的要求，在提出团队愿景的前提下，加强团队学习的力度，发挥出每个人的主观能动性和创造力，共同努力、全力以赴，完成好各项工作任务。

王秋伟：再小也要成为金子，放到哪里就在哪里闪光。

王兰菊：脚踏实地，勤勤恳恳，用心做好每件事，快乐工作每一天。

税政管理科

爱岗敬业，文明高效，团结协作，务实创新。

诠释：

作为区局主要业务科室之一，税政管理科的工作职责要求大家对待工作必须认认真真、一丝不苟；对待纳税人要热情周到、无微不至；对待同事要团结协作、积极配合。只有这样大家才能用心学习和工作，才能实现区局"社会满意、地方有位、和谐创新、省内一流"的共同愿景。

郝　春：加强团队意识，争创工作一流。

诠释：

团队学习是一个合作型的学习过程，是发展团队成员整体搭配能力和提高实现共同目标能力的过程。当团队真正在学习的时候，不仅整体能产生出色的成果，而且成员成长的速度比其他学习方式更快，最终产生1加1大于2的效果，从而使科室工作上台阶、争一流。

征收管理科

务实，创新，团结，奉献。

诠释：

通过团队愿景的提出，科室人员牢固树立学习是生存和发展需要的理念，不断提高创新能力、发展能力，实现全区国税征管事业和科室人员全面发展。完善纳税服务体系，不断创新税源管理。从创新发展入手，探求管理规律，完善管理方法，全面推进税源科学化精细化管理，实现征管质量持续提高、征管效率稳步提升、执法能力不断增强的目标。

张　雷：勇于进取，不断超越，带队育人，体现价值。

诠释：

带领全科同志做好学习型机关的创建工作。引导全科人员不断进取，塑造"务实、创新、团结、奉献"的团队精神，实现人与组织同向、持续、健康发展。个人树立终身学习的观念。学习形式上，"学习工作化，工作学习化"；学习内容上，立足于个人综合素质和业务能力而进行的全方位学习；学习途径上，做到工作育人，在工作中体会自己的价值；学习动力上，充分发挥个人学习的主观能动性，最终实现个人、团队、组织三者形成合力，不断提升团队学习能力。

刘玉琴：创新发展，当好助手。

刘　刚：成为一名优秀的税务复合型人才。

人事教育科

勤勉励人，公道正派；团结和谐，务实创新。

诠释：

公道的关键在于坚持原则，正派的关键在于崇高的道德，学习的关键在于解决问题，组织人事工作的关键在于公道正派。公道正派是组织部门和组工干部的立身履职之本。对己清正以励人，对人公正以服人。实现以人为本，就要做到尊重人、理解人、关心人、培养人，这样才能把所有人都团结在领导班子的周围，才能调动一切可以调动的积极因素，形成一个团结有力的和谐整体。加强求真务实，开拓创新的意识，发扬敢为人先、敢于改革的创新精神，勇于开拓、勇于创新。在工作手段、方式上，大胆探索、大胆尝试、大胆实践，努力实现机制创新、制度创新、管理创新和服务创新，不断推动我区国税事业的健康发展。

孙　勇：做国税工作中的勤思者、善学者、笃行者。

诠释：

每天我们在国税工作中都会遇到许多意想不到的新问题，这就要求我们拥有思考问题、学习知识、解决问题的能力。干国税工作不难，但要干好国税工作却不是一件容易的事情。敏而多思，身体力行是我一贯的主张。只有做到勤思、善学、笃行，才能使自己成为一名合格的国税工作者。

赵顺昌：让受服务者满意，让领导放心，让自己顺心。

监察室

建立和谐国税、平安国税、效能国税、阳光国税，促进国税事业再上新台阶。

诠释：

经过团队学习以后，全区国税系统和谐国税、阳光国税、效能国税、平安国税建设都取得积极成效。重点围绕推行政务公开和民主法治的要求，在阳光国税建设上，努力在抓制度、抓规范、抓提高上下工夫、见成效，基本实现统一公开内容、统一公开形式、统一公开范围时限、统一公开监督考核标准和目标，广大国税干部和纳税人的知情权、参与权、选择权、监督权得到有效保障，将推行政务公开、建设阳光国税的行政执法理念渗透到广大国税干部的思想中，深入到税收执法和行政管理的各个方面。全区国税工作效率显著提高，队伍平安健康发展，促进国税事业再上新台阶。

高志辉：学习要专——专生能，工作要勤——勤生效。
郭志新：明事理，忠于事；存公正，求大同；用真情，聚人心。

计划统计科

团结协作，不计得失，争创一流。

诠释：

创建学习型组织，必须能够把个人的愿景整合为共同愿景，并用共同的愿景把单位成员团结起来，凝聚起来，团结协作。

强化干部的整体目标意识，树立起每一个人都渴望实现并愿意为之奋斗的共同目标，只有这样，大家才会主动地学习，自觉地探索，愉快地工作，不断地创新和超越。激发每个人发挥自己的优点，并用其所长，把每一个人都放到最适合其发挥才智的岗位上，能够促进动力，激发继续向上的奋进心，增强求真务实、真抓实干的精神，无私地进行奉献。

采取切实有效的措施，鼓励大家正确对待自己的生命，全身心投入，不断创造和超越，成为一个"永远成长"的终身学习者，"活出生命的真正意义"，为共同的目标不计较个人得失，无私奉献。这样才能够自我超越，提高素质，完善自我，提高单位成员的思维能力、创造能力、沟通能力、亲和力，提高工作效率，争创一流业绩。

丁　霞：努力学习，不断提高，尽职尽责，诚实笃信。

诠释：

国税工作是一项业务性很强的工作，要想做好国税工作，必须不断加强政治和业务学习，不断提高自身素质，树立正确的人生观、价值观，在工作中做到兢兢业业、恪尽职守；在学习上做到不耻下问、融会贯通，只有这样才能做到干一行、专一行，实现自我的不断超越。

宋俊迎：学习并快乐着。

赵　炜：在平凡的工作中体验快乐，在快乐的生活中用心工作。

魏　燕：积极对待工作，微笑面对生活。

办税服务厅

带一流队伍，创一流业绩，建一流大厅。

诠释：

办税服务厅是区局对外的主要窗口之一，为将这个窗口建设得更好，擦得更亮，根据市局创建学习型机关的要求，结合工作实际，我们提出了我们的共同愿景。其目的和含义就是：要把办税服务厅的税务干部打造成一支政治素质一流，业务素质一流，服务水平一流的队伍；创造出一流的工作业绩,将办税服务厅建成文明服务的模范窗口,展现我们的国税风采。教育引导干部树立良好的职业道德,加强教育培训,切实提高干部的整体素质和业务操作技能,增强优化服务的自觉性和主动性,树立文明服务的"品牌"。拓宽服务范围,实现国税工作的全面提速,切实提升服务层次。以开展大范围的问卷调查为突破口,了解纳税人的心声,因地制宜,创新思路,拓宽服务范围,提升服务层次。开展针对纳税服务的"换位思考——假如我是一名纳税人"大讨论活动。通过活动的开展促进国税干部服务观念的转变,切实端正服务态度,提高办税效率和服务质量。

孙建富:和谐,诚信。

诠释:

和谐是当今社会的趋势,社会要和谐,国家和国家之间要和谐,人与人之间也要和谐。工作上,我们税务部门和纳税人之间虽然是一对矛盾,但要正确处理好这个矛盾,由对立变为统一,变成和谐,就要求我们在严格执法的前提下,为纳税人提供方便、快捷、高效的服务,让纳税人有宾至如归的感觉,让他们自觉地、足额地缴纳税款。诚信是为人之本,我们对任何人、做什么事都要讲诚信,我们税务干部要诚心诚意地为纳税人服务,而纳税人也要诚信纳税。只有这样我们的工作才好做,我们的社会才能进步,我们的国家才能强大。

张　鹏:英雄非无泪,不洒困难前,男儿七尺躯,愿为国税捐。

张　静:努力工作,诚以待人,淡泊名利,平安健康。

马爱国:争创一流服务,争做文明税务人。

李锦春:助人为乐,知足常乐,自得其乐。

林　红:不求名利,但求心安;
　　　　不求富贵,但求知足。

许　英:干一行,爱一行,精一行。

税源管理科

务实，创新，和谐，发展。

诠释：

作为新时代淄博国税人，爱岗敬业、热爱国税事业是我们工作的基础；严格执法是我们的职责所在；为纳税人做好各项税收政策的宣传，提供热情、文明、高效的服务是我们的本职工作。所以我们科室全体同志决心在市、区局的带领下，工作中认认真真、一丝不苟，对待纳税人热情周到、无微不至，同事间团结协作、积极配合，用心学习和工作。以创建学习型组织建立共同愿景为载体，扎扎实实打基础，积极稳妥上水平，开拓创新争一流，创新管理机制，规范执法行为，瞄准新目标，实现新发展，为全面建设社会主义和谐社会做出新的更大贡献。

孙启国：传承，创新，进取。
孙兆智：工作到老，学习到老，奉献税收。
李玉凤：求真，务实，有为。

稽 查 局

依法行政，团结奋进，和谐发展，创建一流的博山国税稽查。

诠释：

在依法治税、建设和谐国税的前提下，提出这一团队愿景，体现了与时俱进的精神，把握了时代脉搏，符合稽查局的工作性质和特点。

依法行政就是要严格执法，务实高效，一丝不苟，体现出税法的刚性和震慑作用；

团结奋进就是通过团结拼搏，努力奋斗，打造具有强大凝聚力和向心力的稽查队伍；

和谐发展就是通过严格执法，热情服务，营造公平公正的税收环境，促进经济和谐发展；

创建一流就是在依法行政、团结奋进、和谐发展的基础上，建设一流班子，打造一流队伍，创造一流业绩，树立一流形象。

许永刚：以诚待人，严以律己；脚踏实地，干好本职。
诠释：
作为团队的一员，就要遵守团队的纪律，维护好团队的利益，树立团队的形象，因此以诚待人是维护团队做人的关键。严以律己，是在团队做人的关键，脚踏实地地干好本职，是在团队工作的作风，只有扎实地遵守和实现个人的愿景，才能把团队精神发扬光大。

徐　梅：对工作和生活中的每一件事都以第一次的热情对待。
董　芸：赠人玫瑰，手有余香；真诚奉献，真实快乐。

信　息　中　心

以人为本，学习加整合，做好技术保障；务求实效，科技加管理，服务税收事业。
诠释：
信息中心作为区局的信息技术部门，肩负着全局信息化建设、管理和技术支持工作的重要职责。近年来，我们在市、区局的正确领导下，认真贯彻落实省、市局税收信息化的工作任务，夯实基础工作，做好技术支持，同时加强自身学习，强化业务素质，优化信息服务，为税收工作保驾护航。

要实现共同的愿景目标，还需要我们共同的努力。一是坚持以人为主体，重视人才的培养，调动个人积极性，全方面发挥个人的潜能。二是积极借鉴好的工作方法，学习先进的管理经验，并与税收工作相结合，提高工作效率。三是加强团队及个人的学习意识，力求工作学习化，学习工作化，从而更好地适应税收工作的新需要。

郇心伟：只要努力了就行。

诠释：

得不到的，是不该得到的，不要后悔；错过了的，是送给别人的，后悔也没用——只要努力了就行。

城区分局

搞好税源监控、纳税服务、日常检查和纳税服务工作。

诠释：

创建学习型组织是更新分局税务干部的学习观念和学习行为，加速知识更新的有效途径，分局将重点抓好岗位专业知识与技能学习，提高分局税收管理员的综合素质和工作能力，在分局形成讲学习、比业务的氛围，把自学与互帮互学结合起来，把学习与工作结合起来，在学中干、在干中学，弘扬创新精神，树立终身学习理念。结合分局税收实际工作，一是继续深化税源科学化、精细化管理，加强重点税源的监控管理，尤其是应纳税额同比下降明显的重点税源企业。二是加强对中小企业的管理，重点对长期异常申报的企业进行纳税评估，在评估的基础上，进一步提高行业税负。三是进一步优化纳税服务，把税收执法、税收管理寓于税收服务之中，全面提升服务层次和工作效率。

匡志强：没有做不到，只有想不到。
黄宗云：持续学习，挑战自我。
于继刚：努力、努力、再努力。

个体管理科

建设学习型团队，增强创新能力，做到规范征收，热情服务，全面完成各项工作任务。

诠释：

建设学习型团队，营造学习氛围，树立以全员"学、思、悟、行"为特征的新机关，全面提升团队素质，对事业充满信心，建成朝气蓬勃，进取向上的新团队。

在社会管理转型过程中，增强团队创新能力，实现知识创新，管理创新，提供热情周到的纳税服务，做到规范征收，建设和谐的小康社会。

张德彪：求真务实，开拓进取，奋发有为。
诠释：
要想干好本职工作，就要认真踏实、勤于实践、努力钻研，讲究科学、尊重科学，从客观实际出发，而不是浮躁虚夸做表面文章。只有"脚踏实地、求真务实"地做人做事，才能把工作干好。爱岗就是热爱珍惜自己的工作岗位，用一种严肃的态度对待自己的事业，勤勤恳恳，兢兢业业，忠于职守，尽职尽责。树立正确的职业观，团结协作，钻研业务，提高技能，勇于革新，圆满完成领导交办的工作。

张佃军：发扬团队精神，持续学习，重塑自我。
孔令秋：利用大好时光，把握难得机遇，干好分管工作，
　　　　成绩再上一步。

源泉分局

严格执法，优质服务，团结和谐，争创一流。
诠释：
严格执法是税收工作的灵魂，在税收工作中要以法律为依据，严格依法办事，依法行政，进一步深化依法治税的进程，夯实征管基础，加强税源控管，加大纳税评估的工作力度。

优质服务就是切实改变过去那种"门难进，脸难看，事难办"的衙门习气，要对纳税人做到优质服务，融洽税企关系。在工作中做到不推诿，不扯皮，始终以饱满的精神，热情的服务擦亮国税工作的窗口。

团结和谐是时代的要求，也是发展的需要。税收工作中要始终保持团结和谐的气氛。只有这样我们的集体才会有凝聚力、向心力和战斗力，也只有这样我们才能完成组织上交给我们的各项工作任务。

争创一流就是在今后的税收工作中要找准切入点，创造闪光点，攀

张　柯：做国税事业的复合型人才。

诠释：

新形势下科学技术不断发展，要想跟得上时代发展的步伐，就必须不断加强学习，不断更新知识，不断提高自身素质，才能满足时代发展的要求。未来的社会需要的是学者型的领导，知识型的税官，复合型的人才。因此就要勤勤恳恳，兢兢业业，忠于职守，尽职尽责。树立正确的职业观，团结协作，钻研业务，提高技能，勇于创新，做到政策熟悉，执法严格，恪尽职守，公正廉明。

开发区分局

积极创建学习型国税，自我加压、执法规范、服务满意、创新发展。

诠释：

随着信息技术日新月异，纳税人法制观念的不断增强，对建设法治型、创新型、服务型、和谐型国税分局提出了更高要求，面对越来越多的新情况、新问题，必须采取有效的措施，尽快提高干部的整体素质，促使干部树立终身学习、全程学习、团队学习的理念，运用科学化、精细化管理方法，提高工作效率，切实减轻纳税人负担，做到职能化、规范化、长效化。以创建带动服务创新，以创新推动依法治税和纳税服务水平的不断提升，着力推动国税事业健康发展。

徐成彬：创一流业绩，树一流形象。

山头分局

文明，规范，平安。

诠释：

文明，不仅包括文明言行，更重要的是激发每一位税务干部的热情和创造力,树立勇于挑战、积极向上的精神面貌来投身于各项工作,以文明促进税收征纳双方的和谐,以文明提升工作效率,以文明重塑国税形象。

规范,是税收执法的永恒标准和灵魂。依法治税、规范执法不是口号,而是团队和员工的共同目标和行为准则。规范国税包括两层含义:一是规范执法,公正公平,保障国家利益和纳税人的合法权益;二是规范管理,将国税各项工作置于全社会监督之下,深化税务公开,打造阳光国税。规范执法不仅要求有完善的制度监督,更需要每位员工有扎实的业务知识、卓越的工作能力和严格的自我约束。

平安,保一方经济平安、保干部队伍平安,是国税工作的最大目标和价值体现。规范执法,严格管理,防患于未然,体现了对纳税人和国税干部的关爱。对纳税人要加强宣传辅导、强化税收管理,掌握税源底数,提高纳税人办税能力,为企业创造和谐发展的税收环境;对国税干部职工要严格管理、严格监督,规避执法风险,建筑廉政防线,努力建设平安国税,不出任何问题。

董　新:保持积极心态,紧跟时代步伐,快乐工作,快乐生活,活好每一天。

诠释:

保持积极心态:一个人的心态决定着是否能获得成功与幸福。保持消极的心态,就会有消极的人生;保持积极的心态,就会有积极的人生。而要保持什么样的心态,完全由自己来决定。

紧跟时代步伐:进入21世纪,时代飞速发展,各项工作时不我待,新知识、新情况、新问题不断出现,要立于不败之地就要积极学习,在实践中学,在干中学,与时代同步。

快乐工作,快乐生活,活好每一天:人生在世不容易,就要活好每一天。活好每一天,就要保持良好的心境,多一些笑脸。活好每一天就要珍惜真实的现在,多一些实干。活好每一天,就要检点自己的步履,多一些坦然。

张林业:岁月不居、时节如流;快乐工作、快乐生活;

家庭和睦、平安健康。

白塔分局

创建"真、善、美"的国税团队。

诠释：

真，人以信为真。以信立本是我们永远追求的真理。善，人以善为根。善待自己，更要善待纳税人。美，人以美为魂。统一有序，和谐为美，政通人和共创美好和谐税收。

不断学习，打好"真实"的基础。在每个成员心中建立一种"学而不思则罔，思而不学则殆"的思想，要求团队中的每个成员要有强烈的责任心、进取心、事业心，要把个人理想的实现与团队、博山国税的事业发展融合在一起，把建立责任心、进取心、事业心变成自我超越的途径。

实现"四必、四有"，寓"善"其中。把"讲实话、做实事、求实效、看实绩"作为每个成员遵守的行为准则。团队中的每个成员必须讲真话，有容人的雅量；必须做实事，有真抓实干的精神；必须求实效，有高效执行的作风；必须看实绩，有扎实的工作业绩。

加强沟通，形成团结和谐美好氛围。在团队中建立一种高度忠诚的集体荣誉感，坚持一种个人利益服从集体利益的价值观念，养成一种互敬互爱、相互宽容、相互协作、彼此信任的良好美德，造就一支业务过硬、团结进取的队伍。

李世泉： 责任心，进取心，事业心。

诠释：

要在每个成员心中建立一种"学而不思则罔，思而不学则殆"的思想，要求团队中的每个成员要有强烈的责任心、进取心、事业心，要把个人理想的实现与团队、博山国税的事业发展融合在一起，把建立责任心、进取心、事业心变成自我超越的途径。加强沟通，形成团结和谐美好氛围、和谐的征纳环境。

吕金友：尊老爱老，后世之师；传承美德，信于民心。

八陡分局

塑造一流品德，锻造一流技能，创造一流业绩。

诠释：

国税部门是国家的经济执法部门，国税干部是国家公务员的一部分，代表着党和国家的形象，提升品德是社会的要求，也是全体国税干部的愿望。

国税部门代表国家行使税收执法权，背靠着国家面对着广大纳税人，一方面要执好法，另一方面要服好务，要执好法，服好务就必须懂法，熟练掌握国家的税收法律法规和税收执法的程序，做到不偏不倚，严格公正。

具备了一流的品德就有了做好工作的思想基础和原动力，具备了一流的技能，就有了做好工作的本领，具备了有效的方法就一定会创造出一流的工作业绩。

徐继栋：高尚品格，幸福人生。

诠释：

高尚的品格是幸福人生的基础，具备了高尚的品格，就能正确地看待名利，正确地看待得失，正确地看待人生，正确理解人生的意义，懂得为什么活着，为谁活，怎样活。

优质的品牌是完美人生的标志，做就做最好。

北博山分局

爱岗敬业，公正执法。

诠释：

爱岗敬业是税务职业道德的基本内容，要求每一位税务人员充分认识本职工作的重要地位和作用，热爱税收工作，忠诚税收事业，真正把为税收事业奋斗看成是自我价值的体现，全心全意做好本职工作。

心灵灯塔

公正执法是税务职业道德的核心内容,是税收法治原则在税收征纳活动领域的集中体现和具体运用。它要求税务人员在从事征管工作中必须秉公执法、不徇私情,公开、公平、公正地执行税法,规范自身的执法行为,严格按照规定行使职权。

作为工作在征收一线的基层分局,必须要牢固树立爱岗敬业,公正执法的理念,干一行精一行,干一行爱一行,执法必先知法,要通过不断的学习,进一步提高法制意识和执法水平,突出税收执法的公开公平公正,通过公正执法为纳税人营造一个公平的纳税环境。

王 磊:业精于勤,开拓进取。
诠释:
业精于勤:从点滴做起,以勤补拙,以勤修身,以坚韧不拔、百折不挠的顽强斗志,高标准、高质量、高效率地做好工作。
开拓进取:促成事业成功最关键的素质,也是当今税收征管工作的迫切需要。当今时代是充满竞争的时代,只有富有开拓进取的精神,才能出新招、创新路,打开工作的新局面,在竞争中立于不败之地。

侯 波:主动,快乐。
周绍平:夕阳无限好,不用扬鞭自奋蹄。
孟继云:努力进取,天道酬勤。

齐鲁化学工业区国家税务局

足球故里敢为先　勇立潮头创辉煌

　　齐鲁化学工业区国家税务局位于临淄区。临淄是齐国古都、文化名城和足球故里，是齐文化的发祥地。齐鲁化学工业区国家税务局担负着全区包括国家特大型企业齐鲁石化公司在内的6100余户工商企业及个体业户的国税征收和管理工作。现有干部职工144人，下设11个科室，5个分局，2007年完成税收收入56.8亿元，占全市国税系统税收任务的38%。近年来，齐化国税局坚持改革和创新同步，积极推进信息管理一体化，全面实施税源监控科学化管理，首创税务服务中心管理模式，优化办税服务流程，深化基层标准化建设，实现了基层税收动态化管理。齐化国税局连年保持全区行风评议第一名；各分局全部荣获市、区级"文明单位"称号；多个单位获得省、市、区级"青年文明号"；局领导班子被市国税局授予"先进领导班子"称号；局机关连续12年保持了省级"文明单位"的称号，并荣获"全省国税系统文明建设先进单位"等荣誉称号。

▶ 共同愿景

　　打造充满活力和谐高效的齐化国税。
　　诠释：
　　活力：活力的核心是每个国税干部充满活力，拥有充满活力的工作人员，才能拥有充满活力的团队。通过建立共同愿景，增强工作人员对组织的认同感、归属感，使工作人员把组织的良好发展看成是实现自我理想或目标的基础和途径，在组织平台上实现个人价值。通过建立共同愿景，达到个人目标与组织目标一致，实现组织良好发展和个人成长的双赢。

和谐：依法履行神圣职责，执法让国家放心；建立和谐征纳关系，服务让纳税人满意；完善交流共享机制，密切系统内部之间的关系（组织与组织、组织与个人）；搭建成长和成才平台，促进组织和个人共同发展。

高效：在有限的工作技能水平和税收资源条件下，通过税收资源和人力资源的最优配置，实现税收利益的最大化和税收成本的最小化，进一步提高工作质量和效率。

▶ 局领导个人愿景

闻其和：科学民主决策，追求高效成果。
诠释：
科学民主决策就是坚持以科学的理论做指导，养成科学思维，运用科技手段，实现决策的现代化和科学化。要充分了解民情，尊重民意，集中民智，实现民主决策、民主管理、民主监督。追求高效成果就是坚持实事求是，抓创新、抓突破、带好队、收好税，力争在国税工作中创出服务高质量、征管高效率的工作成绩。

谢建军：铭记责任，毋忘使命。
诠释：
铭记责任，毋忘使命。就是要时时把国税工作放在心上，毫不动摇地维护国家利益；就是要勇于面对工作中的困难和挑战，依法行政敢作为，善断精谋巧作为，把握机遇会作为，开拓创新有作为，群策群力大作为；就是能正确处理加强税收征管与优化服务的关系，为国家和地方经济发展做出新的贡献。

赵文清：功成唯志，业精唯勤。

诠释：

没有愿景和目标干不成大事，只有美好的愿望而不愿付出艰辛努力的志大才疏者必定一事无成。正如世界短篇小说之王蒲松龄的一副对联："有志者，事竟成，破釜沉舟，百二秦关终归楚；苦心人，天不负，卧薪尝胆，三千越甲可吞吴。"

常川江：博观约取，厚积薄发。

诠释：

"博观约取，厚积薄发"的古训正是与现代学习型组织关于学习是在任何时间、任何场合以任何方式用最少的时间获取最多的有用的知识和能力的活动宗旨相吻合。学习贵在积累，知识贵在应用，广博而有用的知识是能力持续迸发的基础和源泉。

冯淑捷：为党增光，为国聚财，为民服务。

诠释：

为党增光，就是保持政治立场的坚定性，思想道德的纯洁性，政策执行的原则性，遵守纪律的自觉性；为国聚财，就是坚持把发展作为第一要务，牢固树立科学发展观和正确政绩观，坚持依法治税原则，坚持以组织收入为中心；为民造福，就是为人民服务，为纳税人服务，努力实现工作高效化，服务举措多元化，爱民亲民制度化。

赵森读：视事业重如山，看名利淡如水。

诠释：

事业心是一个人世界观和人生观的外在表现，是正确履行岗位职责的基本要求。只有一心为了事业，一心想着事业不断思考问题，精益求精，才能推动自己所从事的事业向更高的层次、更深的领域发展。作为税务工作者，必须时刻保持清醒的头脑，不为名利所累，不为物欲所惑，不为人情所忧，视责任重如山，看名利淡如水，不仅是一种达观进取的心态，更是一种崇高的境界！

团队愿景和个人愿景

办公室

服务到位，宣传到位，保障有力，协调有序。

诠释：

办公室工作千头万绪，归结起来都可以称为服务，就是为税收中心工作服务，为各部门服务，为纳税人服务，体现出工作的周到热情、细致入微，达到落实及时、优质高效；同时还要做好内外部的宣传工作，深化细化宣传、信息、调研等方面的工作，力求宣传报道内容及时全面，各项数据准确无误。办公室的工作同时也是保障和协调的过程，在这个过程中，必须把上级的会议精神传达好、落实好，也要把局党组会、局长办公会、局务会、全体干部大会研究制定的工作思路、措施、决议、决定切实落实好，围绕目标细化职责、严格制定措施，达到措施得力、督办及时、考核到位、反馈及时，实现工作精细化、规范化的目标。

秦　煜：用爱心构建和谐，以公正换取诚信。

诠释：

用爱心构建和谐，就是在工作中事事处处注意工作的方式方法，从工作、生活、学习上关心同事、支持同事、爱护同事，用理解达成团结协作的纽带和桥梁，构建和谐氛围。

以公正换取诚信，就是在工作中，不论大事、小事或者公事、私事，都要讲求公正，以公正为准绳，认认真真履行自己的工作职责，用自身的不断努力，赢得领导和同志们的理解、支持和信赖，建立工作之间的诚信关系。

邬铭军：理解宽容和谐，勤奋高效创新。

周爱新：发文外收文传阅文电传文，日处千文；微机打印机传真机电话机，日理万机。
王增银：干到老学到老，永葆革命青春。
刘宝臣：短镜长镜，镜镜涉税；近景远景，景景如画。

税政管理科

以人为本，努力构建和谐国税。

诠释：

以人为本，就是要求一个机关、一个团队，必须树立人文意识，充分熟悉和掌握每个人的工作特点和工作能力，合理安排工作，分配工作任务，做到人尽其责、各尽其能，最大限度发挥每个人的潜能，在依法治税的前提下，实现人性化管理，发挥每个人的主观能动性，同时根据不断掌握的新信息、新情况，阶段调整人员分工和工作职责，实现队伍工作效率最大化。

赵　敏：强化学习，提高执法能力。
史京言：为纳税人服务。
常　勇：努力工作，奉献税收。

征收管理科

强化税源监控，优化纳税服务。

诠释：

纳税服务与公正执法都是税收管理的基础，都是构建和谐征纳关系、提高税法遵从度的重要手段。严格管理、公正执法是对纳税人最根本的服务。服务必须服从执法的要求。税务机关优化纳税服务的根本目的在于促进纳税人依法、及时、足额地履行纳税义务；换言之，只要纳税人依法履行纳税义务，我们就应当最大限度地为纳税人提供便利，优化服务，满足需求，维护权益。在实际工作中，既要强化税源监控，又要优化纳税服务，做到二者有机统一。

赵安元：勤奋工作，快乐生活。

人事教育科

以人为本，和谐共事；教育优先，科学管理。
诠释：
人是国税事业健康发展的决定性因素，人教工作"以人为本"就是树立人力资源是第一资源的理念，以人为中心，充分调动人的积极性、创造性，尊重人、理解人、关心人、培养人，使系统和团队充满生机和活力。"和谐共事"就是团结协作，上下同心，左右协调，步调一致，凝聚共识，形成合力，以和谐的人际关系营造充满亲和力、轻松温馨、积极向上的工作氛围。"教育优先"就是把学习培训当做一种精神境界和第一需求，养成习惯，主动接受教育如同呼吸一样自然和不可或缺。"科学管理"就是以学习型组织理论指导人事教育工作，做团队学习互相促进的典范，推动人教工作管理创新，实现工作与学习的良性互动，促进国税事业的持续健康发展。

王承谊：茶香、酒香、菜香、饭香，不如书卷香；
　　　　权好、钱好、房好、车好，还是平安好。
诠释：
现代学习理念认为"学习的速度小于变化速度等于死亡"。学习改变命运，知识和能力丰富人生。学习同吃饭一样重要，给人提供生存的动力。不为名所累，不为利所扰，生活上知足，工作和学习上不知足，要有忧患意识，必须谨小慎微，居安思危，不求荣华富贵，但愿一生平安。

王成年：以铜为镜，明目；以史为鉴，清心；
　　　　以步为车，强体；以学为本，醒神。
王晓同：一切为实，不慕虚华。

监察室

落实制度，抓好教育监督源头预防，推动各项税收工作任务的完成。

诠释：

发挥监察工作的职能，认真抓好各项党风廉政建设制度的落实，以科学发展观为指导，以人为本，抓教育、抓监督，搞好源头预防，营造良好的社会氛围，确保国税干部队伍的健康发展，从而推动税收任务的完成。

张　玮：发挥职能作用，为税收保驾护航。

王敬光：脚踏实地，把青春留给事业；一心一意，把工作放在第一。

杨敬禄：凡是值得做的事，就做得更好。

计划统计科

真实，完整，准确。

诠释：

计划统计科主要负责全局的税收计划、税收统计、税收会计核算及各种税收会计报表的报送、重点税源、税收票证等工作。这就要求我们在工作中，认认真真，踏踏实实，对外报送的各项数据资料要真实反映我们国税收入的实际，不能弄虚作假，为领导提供真实的数据，当好领导的参谋助手，所以要求我们做到各项统计数字真实、完整、准确。

田春梅：提高业务水平，干好本职工作。

诠释：

我的主要工作是做好税收计划和写好税收分析报告。这就要求我在税收计划预测的时候，深入企业开展经济税源调查，加强日常税源监控，及时了解和掌握经济税源的发展变化和动态掌握重点税源企业的税收收入状况,通过分析,及时了解税收计划的完成情况。

郭秀芬:学,进,得。

办税服务厅

和谐发展的标兵,学习创新的团队。

诠释:

建立学习型办税服务厅,是新形势下国税工作的迫切需要。征管改革、管理创新、优化服务是当前和今后国税工作的目标,没有一支高素质的国税队伍是无法保障目标顺利实现的。

"和谐发展的标兵"是建立学习型办税服务厅,抓管理、带队伍、上台阶的必然。"学习创新的团队"是开展全员学习、终身学习,不断提高办税服务的整体素质,为征管工作提供更高效的工作保障。

组织办税厅人员学习理论,提高认识,转变观念,把"终身学习"的理念落到实处。加强制度建设,完善奖励竞争机制,促进培训、考核、使用相结合。建立和完善现代化、多功能、不受时空限制、不满足于现状、灵活开放的学习机制,最终实现共同愿景。

孙秀娟:严格执法,踏实工作,俭以修身,静以养德。
李翠兰:紧贴时代脉搏,减少工作差错;弘扬以人为本精神,营造税企和谐气氛。
徐福利:少说空话,多做实事,勤于思考。
麻维亚:长期保持奋发进取、心平气和的精神状态。
曹玉红:用足政策,服务振兴,构建和谐税收征纳环境。
朱俊新:以德感人,以理服人,创新为先,创造文明执法和服务环境。
冯青平:严格执法一丝不苟,态度和蔼以理服人。
毛凤琴:严格执法到永远,优质服务在今天。
鲁聪聪:爱岗、敬业,愿为税收献一生;沟通、和谐,快乐工作每一天。

李云翔：珍惜自己的岗位，尊重他人的劳动。

马　静：学以致用，恪尽职守。

宋　磊：倚立而思远，不如速行之必至。

税源管理一科

共创和谐之国税，努力完成各项税收任务。

诠释：

税源管理科作为税收执法的执行者，既要确保税收任务的全面完成，又要面对和服务纳税人的和谐共建，因此，建立一个团队愿景明确奋斗目标和工作宗旨意义重大。通过同志们的共同探讨，结合我科负责大型石化企业的税收管理的实际情况，确定团队愿景。

共：意味着团队精神，大家齐心协力共同奋斗奔向同一个目标。

创：意味着追求向上和争创意识。

和谐之国税：意味着目标，即达到团队和谐、全局和谐、工作和谐、生活和谐、上下级和谐、同志之间和谐、税企和谐等。

努力完成各项税收任务：意味着落实工作本质和工作的主要职责，税源管理一科年税收任务占全局税收收入的75%以上，占全市国税任务总量的1/3，任务的落实完成与否直接影响着全局税收任务的完成。

我们将认真贯彻执行各级的治税思想和各项规章制度，充分调动团队各方面积极性，树立牢固的创新意识，努力干好本职工作的同时，结合科室实际积极开展具有自身特点的学习型组织争创活动，确保团队每个同志自觉自愿、齐心协力投入到争创活动中，为国税事业发展做出更大贡献。

李爱美：真诚服务，严格执法，努力做好税源管理工作。

诠释：

认真贯彻落实国家出台的各项税收政策，加大执法力度，规范税收执法行为。在强化执法的同时，增强服务意识，优化税收服务，不断提高纳税服务水平。不断学习新的业务知识，提高自身素质，加强学习各种软件的应用，及时掌握业务政策的变动，按时、保质、保量地完成税源管理工作。

刘建国：务实创新，依法征管，优化服务，廉洁勤奋。
管龚民：政治坚定，克己奉公，法律至上，勤政廉洁。

税源管理二科

兴求真务实之风，建勤奋学习之规，扬创新开拓之长，立规范执法之业。

诠释：

打造"学习型"国税机关，提高干部学习力；打造"文化型"国税机关，增强国税文化感染力；打造"创新型"国税机关，提高工作创造力；打造"激励型"国税机关，激发工作原动力。造就"满腔热忱搞工作，团结协作干事业"氛围；开创既有民主又有集中，既有自由又有纪律，既有统一意志又有个人心情舒畅的生动活泼的政治局面；树立眼界开阔、知识广泛、胸襟宽大，诚信待人，公正处事的良好品格；确立"聚财为国、执法为民"理念，升华思想境界，激发浩然正气，提高服务质量和水平，弘扬执行、主动、勤劳、尽职、坚持、投入、创新、合作、任劳任怨的扎实作风。

于海棠：弘扬学习之风，提升团队水平，增强国际税收管理能力。

诠释：

学以立德。提高科室干部素质，陶冶道德情操，升华思想境界，丰富文化底蕴，激发团队整体的浩然正气。

学以增智。提升服务职能，做到有为、有位、有效，将税收工作融入地方经济建设，强化涉外税收管理，实现"心系纳税人、服务零距离"。

学以致用。促进团队素质能力的提升，坚持依法治税，大力组织涉外税收收入，强化税收调控作用，促进国际税收事业发展。

王金浩：以扎实的作风传播国税文明。

诠释：

开展系列活动，凝聚团队人心，不断增强工作鲜活力；关心群众生活，增进相互理解，不断增强工作感召力；推行政务公开，实施阳光作业，不断增强工作约束力；融入社会文化，传播国税文明，不断增强工作影响力。

陈冬英：投身"学习型国税"创建，打造素质过硬、业务精通、服务优良的涉外税收管理团队。

李安宁：自觉培养奋发向上的心智模式，努力做一名合格的税收管理员。

稽查局

法治，效率，服务。

诠释：

开展税务稽查工作必须以国家税收法律、行政法规为准绳，以客观事实为依据，查清查透，确保违法证据的客观性，关联性，真实性，杜绝推理办案。强化稽查法制意识，严格按照税收征管法和税务稽查工作规程的法定权限和法定程序开展税务稽查工作。强化稽查效率意识，对查处案件要求查深查透，提高稽查工作效率和办案质量。尤其加大对大案要案及公民举报案件的查处力度，一经查实，严肃处理，对达到移送条件，按照法定程序移送公安机关。强化稽查人文意识，让稽查人员全身心投入到稽查工作中去，团结协作，共同推进稽查工作的高效运行。强化为纳税人服务的意识，能够在履行法定职责的同时，依法办事，礼貌待人，热情服务，树立求实、创新、和谐、发展的国税形象。

秦　涛：为纳税人服务是我无尚的光荣。

宋钰玲：深入调研，求深求实。

王克娟：诚信为本、有诺必践；恪尽职守、建功立业。

刘　义：探索稽查新思路，提高稽查水平。
李贵德：建设和谐社会，努力工作，做一名合格税官。
寇玉芳：对社会负责，让人民满意。
边　霄：优质服务似春风，细微之处总关情。

信 息 中 心

完善网络信息安全应急机制，确保系统安全稳定运行。
诠释：
　　随着信息化覆盖范围的不断扩大，日常税收征管和行政事务处理对信息化的依赖程度日益增强，如果信息系统出现问题将直接影响日常税收工作，而且信息化程度越高，这个问题越突出。另一方面，信息内容一旦出现问题可能造成信息流失或泄密，特别是对外的税务网站等信息媒体，如果出现不良信息还可能造成严重的政治和社会影响。对此，我们必须本着对国税事业负责的态度，从思想上高度重视，切实强化安全措施。一是要进一步加强信息安全管理制度的落实，严格信息安全的检查、监督与考核。定期进行信息系统安全检测，发现信息系统的安全漏洞，及时加固。二是要进一步完善安全防护系统，采用技术手段加强信息安全的监控和防范。三是要落实安全责任制，确保一级对一级负责，层层抓好落实。

张敦梅：与时俱进，创新发展。
吴国良：快乐工作，简单生活。
于　川：学以致用，学无止境。

辛 店 分 局

打造执法严格、服务优质、和谐高效的辛店国税。
诠释：
　　执法严格是宗旨，服务优质是保证，和谐高效是目的。依法行政、依法征税是国税人的天职，只有严格执法，才能保证执法的公平和公正。严格执法就是最好的服务，只有在严格执法的基础上，对遵纪守法的纳税人提供全面、优质的服务，才能真正体现税法的宗旨。只有做到以上两点，才能依法履行国税职责，建立和谐的征纳关系，做到执法让国家放心，服务让纳税人满意；也只有坚持以上几点，并通过税收资源和人力资源的最优配置，才能使单位时间内工作数量和质量达到最高。

罗亚文：塑造一流品质，打造一流团队，创造一流业绩。
贾明强：突出业务，全面发展，勇于创新，争做复合型人才。
崔秀清：为自己鼓掌，为生命喝彩。
李春红：对待纳税人要热心、耐心；对待税收工作要细心、尽心。
曹　卫：认真学习，融会贯通，学以致用。
钟士英：为国聚财尽职尽责，为民服务尽心尽力。
韩志军：为国聚财，不计较个人得失。
王　薇：勤学多干快提高，认真工作每一天。
郭安学：平和，安定，健康，富足。

齐都分局

以提高干部职工学习能力、实践能力、创新能力为重点，造就一支政治过硬、业务熟练、作风优良、服务规范，政府信任，纳税人满意，充满活力的和谐国税干部队伍。

诠释：

提高干部素质，陶冶干部的道德情操，升华干部的思想境界，丰富干部的文化底蕴，激发干部的浩然正气，形成奋发向上、奋发有为、奋发进取的国税风尚。提升服务职能，做到有为、有位、有效，将税收工作融入地方经济建设，并全身心地投入其中；开展"零距离服务"，贴紧纳税人，为纳税人提供全方位、优质快捷的服务，实现干部素质的提高和能力的提升；坚持依法治税和以德治税，大力组织税收收入，强化税收调控作用，促进国税事业发展，为构建和谐社会贡献力量。

肖　勇：政治过硬，业务熟练，作风优良，服务规范。
赵承忠：构筑和谐执法环境，创造高效征收成果。
宋海峰：零距离沟通，无障碍纳税。
赵桂英：依法治税，优质服务，构建平安、阳光、效能国税。
苗　霞：严谨，勤勉，热诚，追求卓越。
李中凯：国税伴我成长，我助国税辉煌。
孙尚孟：诚实守信，自律自制，和谐快乐。

朱台分局

争做政府信任、纳税人满意、高效创新的和谐国税分局。

诠释：

政府信任、纳税人满意是指在贯彻税收指导思想、履行税务机关基本职能、实践税务工作价值观念、树立税务机关社会形象方面，使各级政府、社会各界、广大纳税人普遍感到满意。高效创新指以服务税收征管和广大纳税人为目的，整合资源，创新工作方法，最大限度地发挥个体价值和团体活力。和谐是指围绕国税工作，实现各方价值、利益或快乐指数最大化。

路　峰：在服务奉献中，成就他人；在努力工作中，实现自我。
刘福真：国税伴我成长，我助国税辉煌。
魏爱军：严谨、勤勉、热诚、落实、追求卓越。
常承文：税徽在我头上，责任在我心中。
王家华：和谐的环境，愉快的工作。

南王分局

公正执法在每时，真情服务在每刻；快乐工作在每天，孜孜学习在一生。

诠释：

把"聚财为国、执法为民"作为共同使命；把"舒心工作、快乐学习，激发干部开拓进取、与时俱进的创新热情"作为共同价值观；把"通过不断学习和不断创新，更好地完成各项税收工作"作为共同目标，激发广大干部职工的学习积极性、工作热情和创新热情。每个人的生命只有一次，没有人愿意在退休甚至老了以后，才发现自己一生中的大好年华是在一年年的忙于应付、碌碌无为和毫无建树中度过。我局把以人为本、让每位参与者去感受生命的意义，作为创建学习型组织活动的原动力，引导大家确定个人愿景和分局共同愿景，并自愿通过各种活动努力去实现，在这个实现的过程中，形成具有凝聚力、号召力和战斗力的团队和组织。

杜玉民：爱岗敬业、公正执法，做一名合格的税收管理员。

诠释：

作为一名合格的税收管理员，要具备思想作风、理论学习、工作业绩、优质服务、业务能力、廉洁自律等六个标准。在区局的倡导下，重点开展了以"爱岗敬业、公正执法、诚信服务、廉洁奉公"为基本内容的税务人员职业道德教育，以创建学习型组织为切入点，积极开展各种业务培训和学历教育，充分调动和激发了全体干部立足本职、刻苦钻研、创新进取的积极性、主动性、创造性。在具体工作中，提醒自己每天实现自我超越，实现组织与个人的共同发展，做一名合格的税收管理员。

郝卫梅：学——学以致用，做——做得最精。

李荣章：牢记"两个务必"，坚持依法办事。

诠释：

牢记胡锦涛总书记提出的"两个务必"，结合本人工作学习的实际情况，坚持依法办税，以人为本，按时完成领导安排的各项工作任务。

做到：

工作不怕任务重，宗旨义务实践行。
为国聚财多贡献，为民服务系真情。
税收征管精细化，税负公平要透明。
管理平台控制好，执法系统常监控。
政治业务强素质，团结协作奔前程。

王炳利：带好队，收好税；执好法，服好务；促和谐，创佳绩。

路华刚：踏实做事，快乐做人。

金岭分局

努力创建和谐基层国税分局。

诠释：

党的十六届六中全会明确提出了建设社会主义和谐社会的目标任务。作为政府职能部门的国税部门，我们将进一步强化"和谐"理念，运用"和谐"的思想方法去思考问题、解决矛盾，积极创建人际关系协调融洽、工作风气积极向上、工作运转高效有序的和谐国税。

于瑞才：修德敬业，务实创新。
任志田：在执法中服务，在服务中执法。
王克森：聚财为国我做起，执法为民你监督。
王士义：慷慨地给予快乐，自己也快乐。

周村区国家税务局

百年商埠扬美名　拼搏进取竞风流

周村区国税局成立于1994年9月，现有干部职工140人，设有8个科室、1个直属单位、1个事业单位和4个基层分局，管辖全区1400户一般纳税人及4500余户小规模纳税人的国税征收管理工作。2007年完成税收收入6.36亿元，为促进全区经济社会发展、保障财政收支平衡做出了巨大贡献。

周村自古商业发达，明末清初已是商业名镇，1904年，被清政府辟为对外开放商埠，被誉为"旱码头"。今天的周村，依然是我国重要轻纺工业基地之一，是一个以纺织、丝绸为主体，机械、化工、电子、建材、轻工等门类比较齐全的工业重镇。在这片热土上，周村区国税局不断深化征管改革和规范化管理，不断提高税收征管质量，大力加强干部队伍建设，不断开创了税收工作的新局面。先后获得全省国税系统"征管改革优秀单位"、"规范化管理先进单位"、"征管基础建设先进单位"和"省级文明单位"、"国家级青年文明号"等荣誉称号。2005年以来，先后被评为全市国税系统先进领导班子、基层建设先进局、全省国税系统宏观税负分析先进单位，在全区民主行风评议活动中连年名列第一。2006年区局办税服务厅被授予全市国税系统文明建设先进单位。

▶ 共同愿景

打造执法严明、服务高效、管理规范、形象良好的基层国税机关。

诠释：

周村区国税局以创建学习型国税机关为抓手，结合实际，通过开展调查研究，分析不足，集思广益、深度会谈等形式，全局干部一致认为，目前搞好工作的关键就是执法、服务、管理和形象等方面的问题，这些也是促进各项工作上水平、上台阶的基础。

执法严明是基层税务机关依法行政，履行职责应具备的基本条件，也是搞好各项税收执法工作的基础。服务高效是基层税务机关在严明执法的条件下，帮助纳税人履行纳税义务所采取的各项方便措施。管理规范是基层税务机关规范行政执法和服务行为的保障。形象良好是基层国税机关做好各项税收工作的补充。执法严明、服务高效、管理规范是做好税收工作的基础，形象良好是前三项内容的有力保障。

执法严明是总局提出的基层建设五个基本目标之一，也是省局的根本要求，其目的就是在严格落实税收政策、规范履行执法程序、全面促进依法行政，落实执法责任追究制，真正做到执法公正、公平，最大可能地杜绝执法偏差和执法漏洞的基础上，进一步加大税收工作的公开、透明程度，强化执法监督，规范执法行为。通过建立权责明确、程序合法、行为规范、监督有效的行政管理和税收执法机制，在严格执法的基础之上，推进行政执法透明化。全面落实"办税八公开"，规范行政审批，优化纳税服务；完善干部选拔任用和考核管理制度，深化财务管理制度改革，推行政务公开；严格执行征管法及其实施细则，积极推行税收执法责任制，认真落实听证、复议制度，大力推行阳光执法，自觉接受内外监督。

纳税服务作为综合性、管理性的税收征管工作，是税务机关在纳税人依法履行纳税义务的过程中，为纳税人提供各项服务的行为要求。效率不仅是行政行为的追求目标，更是纳税人的殷切期盼。把"服务高效"作为为纳税人提供服务的最高标准，不断改革传统的管理方式和服务方式，进一步优化办税流程，简化办税程序，缩短办税时限，推行一站式服务，积极采用税收信息化等先进手段，拓宽服务渠道，切实提高办税效率，提升服务层次。

管理规范必须按照规定、程序进行各项税收事宜，不能"绕行"、

"简化"和"创造"，在今后的工作中，通过有针对性地建立各种规章制度及行为规范，促进税收执法人员和行政管理人员依法行政、依法管理的水平，解决工作中"疏于管理，淡化责任"的问题。

国税事业的健康发展，关键是要有一支形象良好的国税干部队伍，形象良好的干部队伍，必须具备务实的政风，顽强的作风，质朴的民风，良好的税风。我们周村区国税局把建立一支形象良好的国税干部队伍，作为愿景的一项重要内容，就是要通过"四风"建设，加强行风建设和国税机关作风建设，做到党政部门满意、社会各界满意和纳税人满意，树立公正执法、文明征税、优质高效、廉洁奉公的国税形象。

局领导个人愿景

齐立富：以人为本带好队，多谋善断求发展。

诠释：

人是一切工作的力量源泉和基础。要想收好税，必先带好队，带好队伍是基层国税部门"一把手"做好全面工作的基础和关键。要通过抓班子建设、抓作风建设、制度建设以及教育培训，切实加强班子和队伍建设，营造风正气顺心齐的工作氛围，努力打造一支业务熟练、务实高效、能打硬仗的基层国税干部队伍。

对一名领导者的要求很多，而驾驭好全局是最根本的要求。要做好这一点，就要心系工作，勤于思考、多角度思考问题，注意民主，集思广益，如此，整个班子才有生机、有正气，整个队伍才有凝聚力。同时，要善于分析，集中智慧，审时度势，抓住时机，果敢决断，发挥出领导者的定向作用和主导作用，带领全体干部不断开创国税工作的新局面，用实实在在的业绩，回报组织、回报社会。

王本玉：以真诚凝聚团结，以公正赢得信任。

诠释：

真诚是凝聚团结和谐的力量。作为周村区国税局领导班子成员，维护班子一把手的威信，主动为班子一把手出谋划策并与其他班子成员搞好团结，做到互相促进、互相补台，是凝聚团结、促进周村区国税局各项工作开展的基础。对待下属做到不打击，不袒护，公正对待和评价每一个干部，通过公正换取同志们的信任是促进各项工作上水平、上台阶的关键。

辛　明：公正换取诚信，沟通构建和谐。
诠释：
诚信是做人的基础，同时也是获取同志们的信任，凝聚团结的有效方式，作为周村区国税局领导班子成员，把诚信作为愿景内容，就是在工作中积极弘扬诚信意识，以良好的诚信修养主动为班子一把手出谋划策，并与其他班子成员搞好团结，做到互相促进。并公正地对待和评价每一个干部，通过公正换取同志们的信任。

沟通是消除误解，获得思想统一，增强同志们团结的重要途径。人与人之间只有不断加强交流、深度沟通，才能建立一个和谐奋进的，积极向上的工作平台，营造快乐工作、快乐学习、快乐生活的良好氛围，促进各项工作的全面提高。

李学华：团结奋进共创佳绩。
诠释：
创建学习型机关的宗旨是使机关形成先进文化，坚定共同信念，激励个人发展，实现组织成长。这就要求我们在整体内部要做到团结奋进、共创佳绩。

团结，就是为了集中力量实现共同理想或完成共同任务而联合或结合。团结是思想的共识，是目标的一致，是思路的整合，依此凝聚动力，形成合力，实现工作目标的不断提高。并通过发挥单位内部每个成员的工作主动性和创造性，在工作中不断学习和交流，以实现单位整体工作效能的提高。团结是构建和谐国税的有效途径，作为周村区国税局领导班子成员，维护班子一把手的威信，主动为班子一把手出谋划策，并与其他班子成员搞好团结，做到互相促进，互相补台，凝聚力量，共同促进周村国税事业的发展，创造更好的工作业绩。

王振铸：勤学善思增才干，竭忠尽智成税业。

诠释：

作为一名年轻国税干部，一方面要持续不断地提高自身素质，另一方面要全心全意干好工作，为党和国家服好务，两者是相辅相成的。

增长才干、提高自身素质的主要途径是勤于学习、善于思考。"学而不思则罔，思而不学则殆"。学思结合，才能真正有所提升。增长才干的目的是为了干好工作、成就税业。达到这一点，就要做到对党、对组织忠诚，把自己的聪明才智百分之百地在工作中释放出来。

高海长：保障为本，服务至上，秉公执法，不徇私情。

诠释：

作为周村区国税局班子成员，协助局长分管"办公室"、"监察室"、"税源管理科"的工作，以此为愿景，就是在工作中，在为一把手当好参谋、助手的基础上，充分发挥"办公室"、"监察室"、"税源管理科"的职能作用，为基层税收工作，提供优质的后勤保障，加强监督，不断提高国税干部的社会形象。

▶ 团队愿景和个人愿景

办　公　室

保障为本，服务至上，让领导、让基层、让全体干部满意。

诠释：

在创建学习型组织的实践中，我们结合办公室工作职责，树立了办公室的集体愿景："保障为本，服务至上"。

办公室是个直接为机关和领导工作服务的综合办事机构，主要包括办公政务事务管理、财务管理、后勤管理。

我们本着"周密、系统、简化、易行"的原则为税务部门联系上下、密切征纳、沟通内外创造条件，保证工作畅通运转，任务圆满完成。我们最大限度地整合人、财、物、信息等资源，使之在时间和空间上实现优化配置，发挥最好的效益，得到最好的收益。我们为机关干部职工提供方便舒适的工作、学习、生活条件，使其能够集中精力安心工作，是税务机关行政管理的重要职责所在，也是税务机关和税务干部队伍安定团结局面的保证。

路兆会：参谋，服务，团结，和谐。

诠释：

参谋：办公室要从本单位领导工作的要求出发，围绕领导工作的中心，协助领导搞好调查研究，在制定政策或贯彻执行上级方针政策上提出参考意见和方案、措施。

服务：办公室的服务工作，是指保证政务工作顺利进行的文秘、行政、后勤保障等方面的工作。

团结："和衷共济"，建立共同目标，共同发展，共同进步。

和谐：国家权力与公众权利之间需要平衡和谐。伴随社会经济的高速发展，法治建设的繁荣昌明，公民利益的日渐保障，和谐税收将获得越来越多的关注。

杨云芳：笃信，责任，惜时，勤奋。

诠释：

作为一名税务工作者，依法治税，全心全意为纳税人服务是我们的职责。笃信，是我们税收工作提高税收公信力的保证。

作为一名税务工作者，肩负着"聚财为国，执法为民"的重任，要树立执法行为终身负责意识，我们要对国家、对纳税人负责。

作为一名税务工作者，要高效务实，严格按执法程序办事，珍惜时间，尤为重要。

勤奋学习是生命力之源，是创造力之根，是竞争力之本。勤奋工作是我们国家兴旺发达的不竭动力。作为一名税务工作者，只有勤奋工作，勤奋学习，才能实现人生价值，社会价值。

杨　伟：淡泊明志，用心做事。

李　涛：尽力，尽心；知道，知足。

盛志勤：埋头实干，不以事小而不为，相信把平凡的事情做好了，就是不平凡。

李　艳：老老实实做人，踏踏实实做事，勤勤恳恳工作，快快乐乐生活。

梅永国：听从指挥，服务税收。

刘觉禄：努力干好本职工作，站好最后一班岗。

马惠珍：如果你希望成功，当以恒心为良友，以经验为参谋，以当心为兄弟，以希望为哨兵。

宁志军：至诚做人，快乐每天。

税政管理科

团结一致，扎实工作，开拓创新，加强国税文化建设，培养严谨的工作态度，营造轻松的工作氛围，高标准完成全年工作任务。

诠释：

团结一致是做好工作的前提条件，扎实工作是实现目标的基础，开拓创新是做好工作的巨大推动力。要达到以上目标，需要不断加强队伍的向心力、凝聚力和战斗力，心往一处想，劲往一处使，构建一支积极向上、业务一流、团结奋进的干部队伍，营造快乐工作、快乐学习、快乐生活的良好环境。

韩　刚：严格执法，文明服务；做好带队人，增强团队凝聚力，激发干部战斗力，创建和谐科室。

诠释：

一是要带领同志们发挥基层税政管理部门的职能，尽最大能力保持税收政策政令畅通，使国家的税收政策及时正确地贯彻下去。同时对基层执行政策中的问题及时汇总、分析、并向上级汇报，为上级完善、规范政策提供信息。二是加强学习、不断充电、完善自身、提高自我，当今社会是信息爆炸的时代、没有全面而系统的知识就无法服务社会、做好工作。三是积极开拓、努力创新,将创新思想贯穿于每一项工作之中,全面服务于全局。四是廉洁勤政、作风过硬,永葆共产党员先进性。

孙晓东:爱岗敬业,廉洁从税,团结互助,热爱集体。

征收管理科

提高税收征管质量,营造和谐税收环境。
诠释:
税收征管质量是衡量税务机关征收管理水平,检验税务机关依法行政能力的一把标尺。如何提高税收征管质量始终是税务机关尤其是征管部门要着力解决的问题,是税收征管工作永恒的课题。创建和谐国税,就是要在民主法治的平台上,使公平与效率、人治与法治、法治与德治逐渐回归本位,使个人与组织、组织内部与外部利益相关,和衷共济。

吴国栋:带好队,管好税。
诠释:
带好队:"要想管好税,必先带好队"。一个纪律严明、业务精湛、团结和谐、廉洁勤政的团队是做好税收征收管理工作的基础,作为一个部门负责人,要把第一职责定在当标兵塑形象上,以"品德要高、工作要实、为政要廉、内部要和、业务要精"为自律准则,带出一支政治素质、业务素质双过硬的队伍。

管好税:管好税的含义就是严格执行《中华人民共和国税收征收管理法》及其《实施细则》,不断提高征管质量,全心全意为纳税人服务,努力营造一个和谐的征纳环境。具体来说,就是通过采取各种办法和措施,努力做到各项征管指标达到和超过上级的标准,并努力争取前三名。不断在为纳税人服务上下工夫,实实在在地为纳税人减负,推行"首问负责制"和"一站式服务",争取做到零投诉。

党玮瑛：做一名优秀的税收复合型人才，做一名工作、生活中的多面手，认真工作，简单生活。

诠释：

做一名知识化、专业化的合格税务干部是现实的客观要求。我们要有学习的紧迫感，更应多一点求学精神，踏踏实实做些学问，认认真真学点政治、经济、金融、法律、文学、艺术、历史乃至天文地理以及自然科学方面的知识。或许，读书做学问是一件很清苦乏味的事情。但换种心情适时体验一下"学海泛舟闻书香"的滋味，其乐也融融。

当务之急，我们应在原有知识或传统文化的基础上，迅速更新知识结构，来一场学习的革命，学经济学原理、学财政、学税收、学金融学理论、学英语、学计算机、学国际互联网技术，还要学习沟通技能。当我们知识拓宽时，内涵和修养便有了深度，再辅以精通娴熟的专业技能，我们就能驾轻就熟地解决经济社会里错综复杂的问题，从而快乐地工作。

鞠　丽：认真做事，踏实做人；尽职尽责，爱岗敬业。

人事教育科

以人为本，抓教育；团结和谐，促发展；勇于挑战，求创新；良好品德，树形象；勤奋奉献，创佳绩。

诠释：

以人为本，抓好教育是人教部门的工作职责。和谐是干好各项工作的基础。发展、创新符合时代的旋律，是促进人事教育工作上台阶上水平的关键。勤奋奉献和良好品德是从事人事教育的干部应具备的基本素质。创造良好的工作业绩是干好和完成各项工作的结果。

在工作中要逐步形成团结和谐的良好工作氛围，以团结奉献的良好品德树立人事教育干部的良好形象，以人为本地抓好人事教育工作，以创新发展促进人事教育工作的开展，创造良好的工作业绩，为周村区国税局各项工作的健康发展，贡献人事教育工作团队的全部力量。

边卫东：带团结和谐团队，创系统先进科室。

诠释：

团结是促进和谐的基础。作为科室负责人，在工作中积极营造团结和谐，积极向上的氛围，有利于促进科室各项工作的开展，有利于增强干部队伍的学习力、创新力和执行力。团结体现了一个团队的精神面貌和工作的凝聚力。只有通过加强团结，增进和谐，才能在工作中不断凝聚力量，从而真正实现"快乐工作"的目标，促使工作做得更好，使科室中的每一个人成为本职工作的行家里手，真正实现创造系统一流科室的目标。

杜红梅：耐心细致，一丝不苟，勤奋奉献，淡泊名利。

耿向群：恪尽职守，发余热；一丝不苟，服好务。

监 察 室

正人先正己。

诠释：

清廉自守，清心寡欲；清清白白，一身正气。

廉洁奉公，秉公执法；以身作则，不徇私情。

清清白白做人，认认真真做事，实实在在办案，将不良行为消灭在萌芽状态。

耐得住寂寞，顶得住说情，抵得住诱惑，扛得住误解，经得住考验。

加强教育，强化监督，完善制度，敢抓敢管，促使广大干部职工"常修为政之德，常思贪欲之害，常怀律己之心，常除非分之想"，做称职的国税干部。

刘同举：坚持原则，创新工作，不徇私情，营造环境。

诠释：

监察工作要做到坚持原则，正人先正己。生活中，努力做到清廉自守，清心寡欲；清清白白，一身正气。工作中，努力做到坚持原则，秉公执法；敢抓敢管，不徇私情。对领导，努力做到服从领导，听从指挥；大胆监察，一视同仁。对群众，努力做到求真务实，用心做事；淡泊明志，老实做人；敢抓敢管，尽职尽责，将不良行为消灭在萌芽状态。

鞠传荣：服从领导，听从指挥，大胆监察，一视同仁。

计划统计科

团结协作，求实创新，和谐奋进，争创一流。
诠释：
团结协作：就是要加强与税政、征管等各部门的协作，加强与财政、统计等外单位的交流，构建计统工作的和谐环境。
求实创新：就是要立足工作实际，深入开展税收调研，打破传统的思维模式和工作模式，有所创新，做出新的更大的贡献。
和谐奋进：就是要通过加强学习，加强交流沟通，构建一支积极向上、业务一流、团结奋进的计统干部队伍。
争创一流：就是要全方位实现服务质量和工作效率的全面提高。以第一流的工作业绩，努力争创全市、以至全省税收计统工作的排头兵。

王　雁：敬业爱岗，精益求精，以人为本，服从大局。
诠释：
态度是做好工作的思想基础，要带领导一个团队共创佳绩，对工作必须有高度的热情，对工作必须有一丝不苟的负责态度。以人为本，就要团结，这是为了集中力量实现共同理想或完成共同任务而联合或结合，是思想的共识，是目标的一致，是思路的整合，依此凝聚动力，形成合力，实现工作目标的不断提高。并通过发挥单位内部每个成员的工作主动性和创造性，在工作中不断学习和交流，以实现单位整体工作效能的提高。

马　奎：踏实做事，至诚做人。

李 玮：少说、多做、勤思。

办税服务厅

素质，服务，沟通，和谐。
诠释：
创建和谐办税服务厅是构建和谐国税的重要组成部分，也是办税服务厅永远的追求。要实现办税服务厅的共同愿景，第一个层次就是提高全体同志的综合素质；第二个层次就是在提高素质的基础上改进办税服务厅的工作，提高服务质量和工作效率；第三个层次就是在实现大厅内部和谐的基础上加强与各部门、各兄弟单位的沟通和协作，共同做好国税局的各项工作；第四个层次就是在此基础上，将国税局的服务推向社会，在构建和谐社会中做出贡献。

杨俊鹏：诚信、公正、热情、勤奋。
诠释：
作为一个办税服务厅的负责人，必须具有的基本素质是"诚信、公正、热情、勤奋"和"个人综合素质最全面"。诚信，就是以诚待人，注重信誉，言必信、行必果，赢得同志们的信任；公正，是一个部门负责人的基本素质，只有公正无私，不偏听偏信，厚此薄彼，才能赢得上下级的相互信任，干好工作；热情，就是对待纳税人要满腔热情，文明服务，以自己的实际行动服务纳税人，感染同志，共同热情服务，提高服务质量；勤奋，就是要敬业爱岗，勤奋工作。"个人综合素质最全面"，是一个国家公务员应具备的基本素质。

王小敏：恪尽职守，提高素质，团结协作，开拓创新。
诠释：
作为办税服务厅的副主任，必须在提高自身素质的基础上认真履行职责，团结和带领其他同志开拓创新，勇创佳绩。因此首要的是恪尽职守，认真履行自己的职责，正确摆正自己的位置，充分发挥好参谋助手作用。第二是刻苦学习，努力提高自身素质，这是干好本职工作的前提和基础。具体的目标是在考取会计师资格的基础上，考取注册税务师资格，同时，全面掌握纳税服务的各项基本技能。第三是作为办税服务厅副主任，在发挥好模范带头作用的前提下，团结协作，团结和带领全体同志共同干好工作。第四是勇于开拓，敢于创新，不断推动纳税服务工作迈向新的、更高的台阶。

高　云：点滴进步，始自今日。
诠释：
每天在工作、生活和学习中争取有一点新的进步，日积月累，受益终生。工作中立足本职、服从大局，从创新发展入手，不断提高自身综合素质和业务水平；生活中思学上进、完善自我、团结互助，为创建和谐国税、和谐社会奉献一份力量；学习上树立终身学习的观念，开拓学习领域，采取灵活学习方式，随时随地积累知识，力争成为一名适应新时期国税工作要求的复合型人才。

韩　宏：用心做事，善心为人。
李瑞霞：少说，多做，勤思。
刘玉贤：融入集体，以局为家，与团队共成长。
马　云：奉献事业，聚财为国。
于　滨：加强学习，提高素质，每天进步一点点；踏实工作，团结协作，与团队共同发展。

税源管理科

诚信在国税，快乐每一天。
诠释：
以邓小平理论和"三个代表"重要思想为指导，树立和落实科学发展观，紧紧围绕市、区国税工作的总体要求，以一体化管理、学习型组织、绩效考核为保障，逐步健全完善涉外企业专业化分类管理、涉外企业监控预警、国际税收税源控管，有效提高国际税务管理的质量和效率。

为促进工作质量的进一步提高，围绕创建学习型组织活动的开展，我们深深感到提高纳税人对税法的遵从度，营造诚信纳税的良好社会氛围，是国税系统开展文明办税的目标之一；快乐学习、快乐工作、快乐生活是国税人的追求。

于惠芳：争做人民满意的公务员。

诠释：

一方面，随着电子信息技术在税收领域的广泛应用，各个工作岗位的联系更加紧密，相互配合、相互影响、相互作用表现得更加突出。作为税源管理部门负责人，要以人为本、与时俱进、严格执法、创新工作、顾全大局、以诚待人，通过个人与大家共同努力，增强彼此合作，促进问题解决，创造一种快乐学习、快乐工作的和谐氛围。另一方面，作为一个公务员，要认真做事、踏实做人、不图虚名、不谋私利、公正无私、文明服务，不断学习业务知识，提高自身综合素质和业务水平，做一个合格的税务干部。

李洁：做一名合格的税务干部。

诠释：

做一名合格的税务干部要做到爱岗敬业，服从大局，踏踏实实做事，老老实实做人；要做到廉洁从税，文明服务；要做到顾全大局、识大体；讲诚信、讲奉献，团结协作，开拓创新；要正确摆正自己的位置，恪尽职守，做好科长的助手、参谋，当好先锋勇挑重担，认真履行自己的职责，推动全科各项事业的和谐发展；要做到快乐工作、快乐生活。

周振国：学好税收业务知识，做让纳税人满意的税收管理员。

稽查局

工作学习化，学习工作化。

诠释：

工作学习化：把工作的过程视为学习的过程、创造的过程、内在价值提升的过程、实现理想的过程、快乐生活的过程。实现创造性的工作，实现追求工作的"内在价值"，提升人的生命价值，活出生命的意义。

学习工作化：把学习如同工作一样地对待，相互融合，不可分离，在学习中实践，把学习的内容与实际工作相结合，把自己从事的工作当作学问来研究，以形成创新力。实践过程中的学习共享，是形成稽查队伍核心竞争能力的最有效途径。组织大家在学习和工作中彼此借鉴，共同合作，共同成长，实现稽查队伍整体素质的全面提高。

邴　康：身先士卒，带出一流学习团队；团结和谐，创造最佳工作空间。

诠释：

人类已经跨入知识经济时代，知识的增长和更新非常迅速，这就要求自己必须不断增强学习的能力，从而提高个体的竞争力，坚决杜绝类似青蛙一样的坐井观天现象，实现自身知识的不断更新。就团队而言，学习是对团队要素的优化组合，能够提高团队整体竞争力。团队管理是现代管理新理念中的核心理念之一，它强调的是组织的整体效应，追求的是创新、高效、综合实力和抗风险的能力。一个具有强烈的紧迫感和责任感的人可以影响并带动更多的人。"人选适当，充满信任、责任感和团队协作"，是团队建设的要点。

学习型组织的灵魂是创造创新，创建学习型组织的目的只有一个，那就是发展。考核成功与否的标志是绩效的变化。学习型组织的创建，不仅是一个响亮的号召，更是组织迈向新台阶的一个重要载体和抓手。领导者首先是一名设计者。设计者必须确认各个组成部分能够相互搭配，发挥整体的功能，从而让组织动起来；设计者要具备前瞻性的战略思考能力、追求卓越的精神、末日般的危机意识；设计者要关心组织中的人，因为他们是组织中核心与精神之所在。让人们追求更有创造性的生活、活出工作中的生命意义，并在不断追求快乐学习、快乐工作中提高生命的品质。

沈锡林：一点一滴，点滴聚财；一毫一厘，毫厘为民。
杨爱国：执法无过错，考核不扣分。
李　波：甘作老黄牛，当好服务员。
马　艺：让工作成为精神需求。
李中伟：敬业精业，执法无过错；诚实踏实，做人实为先。
孙小玲：在执法中体现威严，在工作中体现和谐。
陈　勇：默默无闻，先人后己。

信　息　中　心

科技，保障，信息化；创新，服务，促和谐。
诠释：
以邓小平理论、"三个代表"重要思想和科学发展观为指导，紧紧围绕税收中心工作，坚持"夯实基础，开拓创新"的工作方针，紧密联系工作实际，以数据处理分析工作为依托，以落实市局税务信息化建设任务为工作目标，通过科技创新促进税收征管的理念创新和体制、机制创新。通过税务信息化建设，科学调整基层征管机构，提高信息处理的集中度，实行集中征收，走"科技加管理"之路，改善税务机关的技术管理手段，提高信息处理利用能力，提高税收管理质量和效率，真正建立起现代化的征管运行机制，为全面推进和谐国税建设贡献力量。

彭　梅：用心服务，精益求精，以人为本，优质高效。
诠释：
用心服务：树立正确的人生观、世界观、价值观，热爱所从事的税收事业，用心工作，把自己融入集体中。精益求精：以精益求精的态度，求精、求细，发挥信息技术的支撑作用，更好地为税收中心工作服务。以人为本：以人为中心，充分调动人的积极性、创造性，尊重人、理解人、关心人、培养人，充分发挥团队效能，激发每一位组织成员的自身潜能，形成快乐和谐的工作氛围，使系统和团队充满生机和活力。优质高效：通过打造紧凑的团队，使我们能优质高效地服务于税收各项工作。

张　静：至诚，至静，用心做事，善心为人。

城区分局

践行税收职能，促进税收与经济和谐发展；打造诚信服务，推动征纳双方和谐互动；坚持以人为本，激发干部和谐奋进；加强沟通协调，实现国税与社会和谐共处。

诠释：

践行税收职能，促进税收与经济和谐发展，就是要坚持"依法征税、应收尽收、坚决不收过头税，坚决杜绝越权减免税"的组织收入原则，强化税源控管，挖掘增收潜力，切实做到科学化管理、精细化管理，进一步规范执法行为，大力整顿和规范税收秩序，严肃查处各类涉税违法行为，营造公平、公正的税收环境，确保国税收入的持续稳定增长。

打造诚信服务，推动征纳双方和谐互动，就是要更新服务理念，确立以纳税人为中心的服务意识，在执法中服务，在服务中执法，切实维护好纳税人的合法权益，以取得纳税人的理解、信任和支持。

坚持以人为本，激发干部和谐奋进，就是要树立科学的人才观，尊重干部的社会价值和个体价值，最大限度地做到人尽其才、才尽其用，解决群众的实际困难，成为干部奋发工作的源动力。

加强沟通协调，实现国税与社会和谐共处，就是要加强部门协作，搞好信息共享，积极为促进地方经济发展服务，努力取得社会各界、各方面对国税工作的理解、关心和支持。

王光泉：以真诚凝聚团结，以公正赢得信任；以效率提升服务，以实干创造业绩。

诠释：

即用高度的责任心、认真的态度和快乐的方式履行你的职责。

部署工作时，要以快乐的方式，把复杂的事简单化，从积极发挥主观能动性入手，以效率和效果为出发点，努力让工作更容易、更清晰、更条理和更有效率，最终以最简洁、最直接、最有效的方式解决问题。

坚持以人为本，激发干部和谐奋进，要树立科学的人才观，尊重干部的社会价值和个体价值，尊重干部的独立人格和能力差异，把品德、知识、能力和业绩作为衡量人才的标准，为干部的全面发展创造良好的政策环境，最大限度地做到人尽其才、才尽其用。做干部的有心人、知心人、贴心人，真正从工作、生活、家庭等方面关心群众，解决群众的实际困难，成为干部奋发工作的源动力。

指导工作时，要坚持做到简单的事具体化，具体的事认真做，既要重视小事、关注细节，认真对待，将小事做细，又要注重在做事的细节中找到快乐。更新服务理念，确立以纳税人为中心的服务意识，真心诚意地为纳税人着想、为纳税人服务，真正实现从管理型向服务型的转变。正确认识和处理好服务与执法的关系，把执法与服务统一起来，在执法中服务，在服务中执法，切实维护好纳税人的合法权益，使纳税服务融入各项国税工作之中，以取得纳税人的理解、信任和支持。

落实工作时，加强沟通协调，实现国税与社会和谐共处。就是要尊重地方党委、政府，积极为促进地方经济发展服务；积极落实各项税收优惠，发挥税收政策在维护社会稳定、促进社会和谐方面的杠杆作用，努力取得社会各界、各方面对国税工作的理解、关心和支持。只有快乐地工作，思想认识才会提高，责任心才会增强，才能充分调动起工作热情，才能做到不论在什么岗位，都尽自己所能、全力以赴地去做事，把工作做细、做透，力求完美。

孙　兰：让认真负责的工作成为一种习惯，让真诚与效率在你我之间传递。

于　鹏：在其位，谋其政。

刘顺平：尽职尽责，积极主动，创造性地做好本职工作。

杨云婷：摆正位置，淡泊名利，务正求实，踏实工作。

于　梅：始终坚持端正的态度做事、处事。

朱玉芝：热情服务，以诚待人，和谐共事。

南闫分局

以德治队带好队，以法治税收好税。

诠释：

坚持以人为本，从大处着眼、从小处下手，从点点滴滴的小事做起，宁静淡泊，不图虚名，不谋私利，廉洁勤政，克己奉公，秉公执法。做到"三靠"："靠优良的工作树形象，靠朴素的情感凝力量，靠高尚的品德创品牌"；倡导"三不"："奉献不苟，回报不求，宠辱不惊"。以高尚的品德凝聚人，以公正的执法感召人，营造良好的工作环境，构建和谐的征纳关系，不断提高征管质量和服务水平，竭尽全力不断加强队伍的向心力、凝聚力和战斗力，树立新时期税务干部的良好形象。

时孝利：宁静淡泊。
诠释：

坚持以人为本，从大处着眼、从小处下手，从点点滴滴的小事做起，宁静淡泊，不图虚名，不谋私利，"己所不欲、勿施于人"，凡事先从自身找原因。

本正源清，上下同欲，快乐工作，快乐生活，紧张而有条不紊，繁忙而心情舒畅，竭尽全力，不断加强队伍的向心力、凝聚力和战斗力。

宋洪新：离职不褪色，余热献税收。
诠释：

从领导岗位退下来后，无条件服从组织安排，不讲条件，不讲客观，不背包袱，工作踏实，一步一个脚印，所到之处深受组织的信赖和领导的好评，践诺自己"老牛自知夕阳下，不用扬鞭自奋蹄"的诺言。时时处处用自己的言行和模范作用，影响和带动同志们一道工作，并结合工作实际，悉心学习涉税法规，摸索出了"以法释纪，以纪明理，以理服人"的施法理念。

俞言忠：穷则独善其身，达则兼济天下。
吴文川：做事先做人。

萌 水 分 局

构建"公正执法、文明高效、廉洁从税、平安和谐"的基层国税分局。

诠释：

公正执法：农村分局作为基层国税局的派出机构，一言一行代表着单位形象，公正执法是最基本的要求，是职责所在。

文明高效：征纳双方作为一个共同体，各有各的权利与义务，执法部门文明高效既是对纳税人的尊敬，又是积极履行职责的需要。

廉洁从税：严格执法、优化服务，是国家对公务员的基本要求，该得的国家会给予支付，不该得的利益是国家所不允许的，廉洁是干好本职工作的根本。

平安和谐：包含了分局执法、生活、团结、互助、诚信、平安、开拓、创新的各个方面，是一个小到家庭，大到国家的和谐，是分局不懈追求。

杨　磊：聚财为国，执法为民，廉洁从税，从严治队，和谐兴局。

诠释：

聚财为国：经济的发展必须有充足的财力作保障，坚持依法治税，以组织收入为中心，全面推行税收科学化、精细化管理，夯实征管基础，堵塞征管漏洞，充分发挥税务部门的职能作用。

执法为民：执法为民是社会主义法治的本质要求。税务机关作为执法机关必须做到严格执法、公正执法、文明执法，强化服务意识，妥善处理管理与服务的关系，做到为人民执法，靠人民执法，保证把"权为民所用、情为民所系、利为民所谋"的要求落到实处。

廉洁从税：根据党风廉政建设的要求，在抓好业务工作的同时，认真加强党风廉政建设教育和工作落实。认真学习有关党风廉政建设、领导干部廉洁自律等各项规定和领导干部"五个不准"与税务人员"十五个不准"以及"四大纪律"、"八项要求"，做到清清白白做人、廉廉洁洁从税。

从严治队：税务人员执法水平的高低直接决定着税法的贯彻程度，直接关系到能否正确贯彻国家的税收政策及坚持依法治税、从严治队的大事。所以，要通过从严治队，提高依法治税的水平，围绕"带一流队伍，创一流业绩，树一流形象"的工作目标来从严治队，促进征收管理。抓好宗旨教育，使税务人员树立正确的世界观、人生观和价值观，明确为谁收税，为谁聚财的道理，正确处理在工作、生活中遇到的问题。抓好法纪教育，规范执法行为，加强对税务人员的法制培训，提高税务人员依法治税的意识和公正执法、严格执法的水平，把依法治队作为队伍健康发展的基石，为长远发展打好基础。

和谐兴局：把"规范立局、素质强局、创新亮局"放在重要位置。建立相互尊重、相互信任的同事关系；建设团结友好、坦诚相待、充满活力的工作氛围；建成让大家都能各尽所能，最大限度地发挥工作潜能和创造力的机制。只有干部之间和谐相处，部门之间团结协作，全系统充满积极向上的活力，全体人员的工作能力和积极性得到充分发挥，才能出色有效地完成工作任务，国税部门的形象和威信才能树立。和谐出形象、和谐出效益、和谐出战斗力、和谐出人才。建设和谐国税是建设责任国税、效能国税、服务国税的前提和保证。和谐兴局是建立和谐国税的基础、具体化。

张元宝：文明执法，诚信待人，和谐共事。
诠释：
文明执法是国家对每个公务员的基本要求，执法者本人、执法机关与执法对象并无高低贵贱之分，只是工作职责不同、立场不同，以诚信的工作方式必将赢得对方真诚的回报，建立相互理解、相互支持、文明共处的工作环境，必将赢得家庭、单位、社会的和谐共处。

霍光耀：从大处着眼，从小处入手。
赵长胜：以诚待人，文明服务，创和谐国税事业。

王 村 分 局

以人为本，构建和谐分局。
诠释：
坚持以人为本，努力建设一支政治过硬、业务熟练、作风优良的高素质干部队伍。不断提高国税干部职工的思想道德素质、科学文化素质和健康素质，为纳税人集中精力干大事，诚心诚意办实事，尽心竭力解难事，坚持不懈做好事，打造"依法诚信纳税、共建小康社会"新体系，谱写国税先进文化新篇章，为构建和谐社会奠定坚实的道德基础。

作为税务工作者必须用构建和谐社会的共同理想凝聚人心、用实现全面小康的奋斗目标激励人心，用科学发展的巨大成就鼓舞人心，用安定团结的良好氛围稳定人心，用共产党员的先进性教育带动人心，用国家税收收入的稳定增长温暖人心，为全面建设小康社会、积极构建和谐社会营造良好的税收环境。

赵洪涛：团结协作，求实创新，和谐奋进，争创一流。
诠释：
全面提高税务干部科学化、精细化管理的能力，努力营造引导经济科学发展的税收调控环境，以收入保证和谐。

一是要努力实现税收与经济的协调发展。牢固树立税收经济观，用科学的发展观指导税收实践，以开放型的思维开展税收工作，切实为促进经济发展，调节收入分配，维护社会稳定服务，为"五个统筹"大局服务。

二是要努力实现税收征管机制与税源的协调发展。税收征管是税收工作的主要内容，是发挥税收作用的根本途径。大力推进依法治税，不断更新管理理念，按照税收征管的内在要求完善征管体制、夯实管理基础，实施科学化、精细化管理，全面提高税收征管的质量和效率。

李孔荣：认真、务实、团结、和谐。
邢宏宇：认真做好每件事，快乐生活每一天。
王丽荣：发挥余热，奉献税收。
高春燕：争做税务复合型人才，为税收事业的和谐发展贡献力量。

桓台县国家税务局

根植齐桓沃土　谱写国税华章

桓台县国税局现有干部112名，下设1个稽查局，8个科室、1个事业单位，辖4个税源管理分局和1个税务所。税收辖区面积509平方公里。纳税人登记户数4540户，其中一般纳税人830户。2007年完成税收收入12.39亿元，同比增长33%。桓台县是全国著名的"吨粮县"，境内因有齐桓公练兵而得名的马踏湖而闻名遐迩。近年来桓台国税局求实创新，国税工作取得了骄人业绩。"小规模纳税人税收监控系统"经验做法被人民日报内参刊载，并在全省推广；"三基建设"经验在全省经验交流会上发言；5个基层分局全部被评为市级文明单位，县局连续8年在行风评议中取得第一名；被国家税务总局表彰为全国税务系统文明单位。

▶ 共同愿景

法治，高效，和谐，进取。

诠释：

法治：税务机关立身之本，依法行政是国家对行政机关的一项根本要求。建立法治理念，旨在把依法治税作为税务工作的灵魂贯彻始终，不断增强依法征收、规范行为的意识，严格按照法定权限与程序执行各项税收法律法规和政策，做到严格、公正、文明执法，不断提高执法水平，切实维护纳税人的合法权益。同时，执法机关和行政相对人同样在

心灵灯塔

法律规范下行动,纳税人依靠法律保护自己的合法权益,管理者依据法律开展税收管理活动。

高效:一方面,实施科学化、精细化管理,运用现代管理方法和信息化手段,按照精确、细致、深入的要求,抓住税收管理的薄弱环节,有针对性地采取措施,抓紧、抓细、抓实,不断提高管理效能。另一方面,简化内部工作流程,提高办税质量和效率,为纳税人提供更加方便快捷的服务。

和谐:建立和谐征纳关系,实现与纳税人之间的征纳和谐,促进税收与经济的协调发展。建立系统共享机制,营造一个上下级之间和谐,同志之间和谐的风正气顺的工作环境。

进取:牢记聚财为国,执法为民的税务工作宗旨,发挥广大国税干部工作的积极性、主动性和创造性,增强国税系统的凝聚力和向心力,始终保持昂扬向上、奋发有为的精神状态,创造性地推进各项工作。

▶ 局领导个人愿景

杜元童:淡绩随日月,尽责写春秋,守法从事业,寡欲享人生。

诠释:

作为一名基层执法者,必须树立正确的人生观、世界观、政绩观,牢记任何工作成绩的取得都是在上级和同志们的信任和支持下取得的,光荣的事业无止境。因此,首要的是不自满自大,党和人民的要求是随时代变化而不断提高的,我们应当时时刻刻牢记职责,忠于党、忠于人民,实现人生价值。在利益面前,不断自我教育,多奉献,少索取,清心寡欲,一生无悔于自己的努力,在快乐的工作中充实自己快乐、健康、安全的人生。

宋新胜:团结,紧张,严肃,活泼。

诠释:

只有团结才可以出向心力、凝聚力和战斗力,唯有团结才能开创和维护稳定、和谐、共赢、发展的政治局面；

只有紧张才可以出效率、创佳绩和增效益，唯有紧张才能创造凝神聚力，干事创业，奋发有为的良好氛围；

只有严肃才可以严执法、正风纪和精管理，唯有严肃才能切实做到对外严格执法，对内严整风纪，科学精细管理；

只有活泼才可以充实激发创造性、调动积极性和发挥主观能动性，唯有活泼才能切实形成既有纪律又有自由，既有统一意志又有个人心情舒畅的民主自由积极创新之风。

张新和：身健，心阔，勤奋，超逸。

诠释：

身健：身体健康是关键，干好国税尤为先。只有有一个好的身体，才能应对繁忙的税收工作。

心阔：理解包容每个人，宽厚务实每一天。要体谅理解别人，多为他人着想，说实在话，办实在事，做实在人。

勤奋：小事做好事不小，凡事干好不平凡。对待工作要认真细致，有时细节决定成败，不能好高骛远。

超逸：心如止水信步走，如遇难事亦未难。只要有一个好的心态和思维方式，工作中遇到困难也会感觉不难。

刘宝伟：学习、再学习，提升素质；勤勉、敬业，创一流业绩。

诠释：

随着经济发展和社会进步，税收征管手段日益科学和精细，金税工程、CTAISV2.0等信息技术的推广应用正逐步取代传统的人工管理；国家宏观经济政策、税收政策和财务会计知识在不断发生变化，逐步向国际接轨。我们只有通过坚持不断的学习，提高自身素质，才能适应不断发展变化的税收工作需要，否则将被淘汰。

税收工作政策性强，工作任务重，我们不但要具备较高的业务素质，还要有较强的事业心和责任感，对待工作要勤勤恳恳、任劳任怨，要有开拓创新，争创一流的精神。

宋传利：创一流业绩，享多彩人生。

诠释：

大学毕业以前，就对未来有一个美好的憧憬，工作后要好好工作，创一番事业来回报父母、回报社会，并能在业余时间充分享受多彩人生的乐趣。

工作扎扎实实创一流业绩，生活丰富多彩享美好人生。实事求是、务实高效，做到工作、生活两不误，快乐工作、快乐生活。

▶ 团队愿景和个人愿景

办 公 室

敬业，忠诚，勤政，团结。

诠释：

敬业：是指办公室人员个个具有认真负责、勤勤恳恳、任劳任怨、勤奋好学的敬业精神，有不为名、不为利、任劳任怨、甘当无名英雄的思想品德，经受得起各种误解、委屈和挫折。

忠诚：是指思想上忠于税收事业，有全心全意为人民服务的思想，对上级、领导的各项决定能够认真地贯彻执行，不自行其是，不盲目服从，能够抵制各种不正之风，堂堂正正做人、勤勤恳恳办事。

勤政：是指腿勤，不怕多跑路，不怕多流汗，舍得花力气，把工作做实做细；脑勤，勤学善思，注重研究问题，解决工作中的难点问题，为领导当好参谋；嘴勤，多向领导汇报情况，多向科室和有关部门通报情况，加强沟通，密切协作，树立文明高效的社会形象。

团结：是指大事讲原则，小事讲风格，对人宽厚诚恳，对事严谨认真，协调好各方关系、化解各种矛盾和问题，让同志之间、科室之间、上下级之间加深了解，增进感情，解除误会，使大家心情舒畅，团结一心，齐心协力完成工作目标任务。

刘　刚：抓服务保障，架沟通桥梁。

诠释：

履行办公室主任职能，做好参谋、服务、保障、协调等工作，在上下级之间、科室之间、同志之间架起一座"连心桥"；带领办公室一班人，充分发挥办公室的"中枢"作用，使上情下达、下情上传、科室协调等渠道沟通顺畅，营造一种和谐、团结、奋进的工作氛围，为机关做出表率。

朱秀岭：考核把关，恪尽职守，促进工作。
刘传申：做好参谋，当好助手，勤奋工作。
颜　伟：做好宣传工作，办好《桓台国税》。
张红红：开源节支，精打细算。
荆德东：立足本职，竭诚服务。
陈慧芳：管好钱，算好账。
王子俊：严谨细致，精益求精，当好助手，做好服务。

税政管理科

严格依法行政，争创一流业绩。

诠释：

严格依法行政：学法、懂法，严格依法行政，给纳税人创造良好的纳税环境。

争创一流业绩：团结协作，积极配合，扎实工作，打造和谐团队，争创一流业绩。

崔其军：心力所及，心愿所至，务实求进。
巩方涛：快乐工作，依法行政，超越自我。
高　芳：尽职尽责，精益求精，争创佳绩。
张举东：踏实做事，至诚做人。

征收管理科

团结协作，求实创新，共创和谐。

诠释：

团结协作：协调配合好各业务科室，共同努力，不断提高全县的税收征收管理质量。

求实创新：不断加强税源精细化管理，积极探索新形势下新的税收征收管理办法和方法。

共创和谐：在严格执法的基础上不断优化纳税服务，为创建和谐国税、和谐社会做出贡献。

刘有桓：务实，创新，团结，奉献。

吕　敏：爱岗，敬业，精业，快捷，高效，服务。

人事教育科

以人为本，铺就干部成才之路。

诠释：

树立以人为本的思想，着眼于促进税务干部的全面发展，去关心人、爱护人、激励人、塑造人，以增强干部的主人翁意识和历史责任感，激发干部的积极性、主动性和创造性。努力用科学的理论武装人，正确的舆论引导人，使干部明确价值取向，提高思想境界，增强综合素质，把个人的价值实现与税收事业发展目标紧密结合起来，为税收事业的发展贡献聪明才智。

陈　浩：专心致志学与习，老老实实写人生。

诠释：

加强学习，不仅可以开阔视野，增长学识，增强工作的本领，而且有利于陶冶情操，提高道德修养。把学习作为一种精神追求，一种思想境界，一种兴趣爱好，自觉做到努力学习、终身学习，不断提高工作能力。老老实实就是重实际、办实事、求实效，表里如一。

赵　君：踏踏实实，认认真真，爱岗敬业，团结协作。
张红玉：加强学习，踏实工作，尽职尽责，提高素质。

监 察 室

弘扬正气，清廉做事。
诠释：
蓬勃发展的国税事业需要一支清正廉洁的干部队伍。党员干部的清廉作风，对构建更具实力、更为平安、更加和谐的国税团队起到极为重要的作用，正因如此，全体国税干部必须常修为政之德、常思贪欲之害、常怀律己之心，始终如一地绷紧清正廉洁、拒腐防变这根弦。

清生廉，廉则明。只有广大党员干部带头清廉，才能弘扬正气。也只有带头清廉，才能坦荡做人，清白做事。要有一种光明磊落的襟怀，一种承载使命的品质，一种为民造福的责任。要拒绝各种诱惑，努力做到无欲则刚，切莫只求满足私欲，而让手中权利成为牟取一己私利的工具，蒙蔽了做人的良心。要尽职尽责，一心扑在工作上，想做事、多做事、做好事，事事出色，弘扬正气，正直善良，谦虚谨慎，清廉如水，乐于奉献。

任　涛：立足本职工作，实现自我价值。
李素梅：加强学习，提高素质，与团队共同发展。

计划统计科

团结协作，求实创新，和谐奋进，争创一流。
诠释：
团队要讲究团结，团结就是力量，协作是进步的前提，是团队共同发展的根基。

团队要求实，要创新。求实是创新的基础，创新是团队发展的动力,二者相辅相成。

团队要讲究和谐,不和谐的发展是畸形发展,不奋进的发展是原地踏步。

争创一流是团队成绩的体现,是团队每一个成员成绩的体现,是团队为之奋斗的目标。

周敬胜:认真工作,团结协作,努力创新,保障安全。
诠释:
工作要有认真务实的态度,要有创新的精神。认真务实是创新的基础,创新是发展的动力,二者相辅相成。任何努力若没有安全的保障,最终落成空。既要保证团队的安全,又要保证个人的安全;既要保证政治安全,又要保证经济安全。

杨　彬:尽职尽责,敬业精业,争创佳绩。
荆　艳:做好计统工作,保证核算正确。
徐永君:认真,务实,团结,努力。

办税服务厅

提高服务意识和技能,争创国家级巾帼文明示范岗。
诠释:
提高服务意识和技能对国税文化建设有很大的推动作用。办税服务厅重点开展服务意识、行为规范、公共礼仪、业务技能等方面的培训,全方位提高干部队伍的服务水平,增强服务意识。

提升工作标准和服务质量是创建巾帼文明示范岗的重要手段,我们将科学梳理、分类服务事项,相应建立健全服务措施和管理办法;努力健全和完善《导航服务及工作评价系统》。服务厅的工作人员们从语言规范、仪表规范、行为规范入手,形成了一系列规范化服务的各项规章制度,并采取有效措施,确保落实到位。在保证"省级巾帼文明示范岗"和"全市最佳办税服务厅"通过验收的基础上力争获得国家级巾帼文明示范岗。

李　成：加强学习，做新时期合格税务干部。

毕玉红：提升服务，做到最佳。

刘　坤：学习好，服务好，争做业务能手。

税源管理科

依法行政，务实创新，团结进取，创一流业绩。

诠释：

要确立创新理念，牢固树立依法行政、依法治税的观念，避免执法的随意性，维护税法的尊严和权威。正确处理依法治税与支持地方经济发展的关系，及时、准确地把国家的税收优惠政策落实到位。搞好纳税服务，坚持公正执法、文明执法，切实维护纳税人的合法权益，构建和谐的税收征纳关系。

边志刚：提高素质，踏实工作，求实创新，争创一流。

诠释：

诚实是为人的行为支撑，正直是从政的品质核心。常思贪欲之害，常除非分之想，常怀律己之心，常修为官之德。待人处事谨慎，光明磊落是非清。轻钱财，勤政廉洁坦荡怀。抵诱惑，守清贫，高风亮节树先锋。亲民众，爱家庭，坚守原则决不退让，坚守人格没有商量，坚守尊严矢志不渝，坚守纪律毫不变通。

孙　燕：加强学习，创新思维，以局为家，与团队共成长。

稽　查　局

用木桶原理领导团队走向成功。

诠释：

"木桶原理"是指一个由木板扎成的木桶，其最短的一块木板决定了木桶的盛水量。此原理用来比喻一个团队的水准是由绩效或能力最低的成员决定的。

心灵灯塔

为了团队的共同利益，对于其中的落后者，要么迁就，要么促其进步，要么更换，但必须以牺牲优秀者的主观能动性为代价。在税务信息化建设飞速发展，执法更加规范的今天，要带出一支优秀的团队，关键取决于"长板"。要想找到"长板"，或者希望自己成为团队中的"长板"，发掘优势比弥补缺陷更重要。

张　虎：自信是种策略。

诠释：

许多时候，我们总是抱怨别人的成功而怀疑自己的能力。我们并不比别人少做，或许做得更多，但最后却什么也没有得到。如果想到以下总结，我认为已找到原因。成功的人寻找机遇，失败的人寻找保障。其实，许多时候，他人的成功只是比你好一点点。他成为大学生，只是刚上了高考分数线，而你只是差0.5分而成为高中生，生活中这样的例子还很多，不要认为这好笑，但这就是一个事实，一种人生游戏的规则。所以，也许你只要能出色一些，就会有成功的机会。

王国梁：严谨，高效。

耿　东：更新理念，求实创新，不断提高。

张　勇：勇于创新，强化责任，创造一流业绩。

毛允泰：求真务实，锐意进取，提升自我。

于明汇：诚信和睦，融入团队，发挥自我，快乐工作。

荣　娜：诚实守信，开拓创新。

信 息 中 心

走科技之路，搭税收之桥。

诠释：

随着各个应用软件的省级集中，税务系统开始步入较大规模信息化建设的时期，特别是金税三期建设，必将推动税务系统整体工作的全面提升。信息化建设要贯彻科学发展观理念，以科技为先导，认真分析和研究现实情况，根据科学发展观的基本要求，以为税收工作服务为核心，进一步拓展税收信息化应用范围，实现信息系统的增值应用，提升信息系统的应用效果。我们将打造一支"政治过硬、业务熟练、作风优良"的高素质信息技术干部队伍来建设和管理税收信息化，将信息中心建设成学习型的新型组织，稳步把信息化建设推向前进。

赵建国：积累知识，实现自我价值。
诠释：
知识的积累就是人生的积累，人生的积累就是知识的积累。知识的积累关键是学习，学习的过程是知识不断积累的过程，要牢固树立终身学习的理念，活到老、学到老，丰富积累自己的知识，通过对知识的分享和学习实现知识的价值提升。把理论知识和实践经验的积累不断应用到税务工作中，充分展示自我的个人价值和人生价值，为国税事业的发展贡献力量。

张　佳：时刻学习，做税收复合型人才。
诠释：
信息化建设日新月异，对信息技术人员素质要求越来越高，作为信息中心人员，既要懂信息化知识和掌握信息化技能，又要求我们懂得税收业务。因此要时刻学习，处处学习，将税收业务和信息技术更好地结合起来，更好地为信息化工作服务，做一名税收复合型人才。

侯俊峰：认真做好每件事，真诚对待每个人。
诠释：
创建学习型组织、学习型国税机关，始终是一个过程，自己要在过程中提升，在过程中改进，在过程中发展，就需要不断地学习，不断地工作，在工作中学习，在学习中工作，在工作学习过程中要以求真务实的态度，注入创新的理念，踏实认真地做好每一件事，热情真诚地对待每个人，实现与团队共前进。

王大纲：扎扎实实学点东西，学有所成；踏踏实实干些工作，做有所得。

城区分局

执法高标准，管理精细化，服务零投诉。

诠释：

信息技术时代给税务工作带来了新的机遇与挑战。愿景要求：城区分局每个税务工作者要热爱税收工作，善于学习新知识，引入新理念，开拓创新，调动自身工作积极性，做好本职工作。从而提升团队核心竞争力，履行好"聚财为国、执法为民"的职责，实现和谐税务、和谐征纳关系的要求。从而形成积极健康的人生观、世界观和价值观，营造团队内部良性气氛，实现征纳双方的和谐互动。

吴　勇：立信于心，尽责致善。

诠释：

信仰是一个民族走向辉煌的基础。一个有科学信仰的人是真正有力量的人，一个全心为信仰奋斗和献身的人，他的人生追求必定忠诚而无畏。

魏会明：老老实实做事，实实在在做人。
罗维军：平和，清淡，踏实，认真。
韩道明：做人和做事一样公道，素质与收入共同提高。
郑俊华：加强学习，提高素质，每天进步一点点。
张平东：善待组织，善待他人，善待自己，善待挫折。
吴玉宝：改善心智模式，努力工作。
穆进华：家庭和谐，事业和谐。

周家分局

务实创新，诚信服务，依法行政，争创一流。

诠释：

努力建设文明、和谐的基层分局工作环境；培养业务熟练、执法公正、服务规范的高素质干部队伍；在组织好收入等各项工作的基础上不断创新，做好"亮点"工程；优化服务质量，简化办税办事程序，为尽力方便纳税人创造了优越条件，并且坚持开展税务人员到企业、入业户宣传的辅导制度；公开办税，公正执法，公平征收，树立依法治税、爱岗敬业、诚信服务、廉洁高效、奉献社会的良好行业形象。

张　雷：爱岗敬业，求真务实，严格执法，创造佳绩。
诠释：
用心工作，争取在自己的岗位上做出不平凡的成绩。严格执法，在依法治税的前提下提高分局税收工作质量和水平。注意发挥策略思想，认真研究工作方法，切实提高"聚财为国、执法为民"的履职能力，带领分局人员完成税收任务，在各方面创造出好的成绩。

曹　莉：用心学习，愉快工作，爱岗敬业，奉献税收。
刘承辉：勤奋敬业，用心服务，快乐工作。
蒋　姗：学习中提高，工作中创新，生活中律己。

田 庄 分 局

团结务实，开拓创新，共创和谐。
诠释：
团结务实：加强集体的凝聚力和创造力，形成扎实工作的良好氛围，为做好工作奠定基础。
开拓创新：以不断提升工作水平作为基本点，积极探索符合单位实际的征管模式，严厉打击偷税业户。
共创和谐：在严格执法的基础上，为纳税人提供优质服务，保障纳税人合法权益，为创建和谐国税、和谐社会做出贡献。

杨玉志：协调，法治，创新，廉政。
诠释：
协调：只有搞好与社会各界的协调，才能取得相应的工作支持。

法治：坚持依法治税，才能保证税收法制的贯彻落实。
创新：适应科学技术的不断发展，需要紧紧围绕分局的中心工作，努力探索出适应单位特点的工作新思路。
廉政：倡导奉献精神，严格工作纪律，才能创建一流的队伍。

田兆亮：诚心，耐心，细心，热心。
耿玉彬：努力学习工作，争做优秀税管员。

马桥分局

团结协作，务实创新，依法行政，构建和谐国税。
诠释：
牢固树立大局意识和责任意识，彰显团结协作精神。牢固树立学习是生存和发展需要的理念，夯实基础，激励创新。提高税收征管水平，规范执法行为，树立依法行政理念。提升纳税服务层次，构建和谐征纳关系。

张新国：加强学习，开拓创新，团结协作，务实创新。
诠释：
只有不断学习才能激发创新活力，只有创新才能谋求发展，只有依法办事，才能彰显公正，只有公正，才会为构建和谐社会奠定基础。

孟宪宝：提高综合素质，强化协作意识，与团队共同发展。
岳东升：强化学习，规范行政。
王　峰：认真踏实，恪尽职守，依法行政，奉献税收。
王立章：管好每一户，奉献每一天。

起凤税务所

创建良好的工作学习环境，打造优秀服务型团队。

诠释：

在尽职尽责干好工作的同时，努力营造良好的外部环境，建设文明、和谐的基层分局。加强日常税收宣传，大力提升国税部门的社会形象；加强外部协调配合，及时沟通工作情况，交流涉税信息，形成工作合力；加强行风建设，积极宣传税收政策法规，倾听群众意见建议，维护纳税人的合法权益；加强干部队伍建设，使他们在实践中锻炼成长，思想、政治素质和业务能力不断提升。

刘　萍： 以身作则，率先垂范，真抓实干，无私奉献。

诠释：

部门负责人一定要做到讲政治、顾大局，牢固树立"一盘棋"的思想，坚决贯彻落实上级局的部署和要求，强化措施，不折不扣地抓好工作落实。一定要注重上下级之间、部门之间的密切协作配合，理顺工作流程。一定要充分发挥示范和带动作用，以身作则，任劳任怨。一定要展示过硬的思想政治素质和良好的精神风貌，为各项工作的顺利开展付出辛勤的劳动。

田承闽： 挖掘和培养个人良好素质，实现思想、工作双升华。

诠释：

良好的个人素质是思想作风、工作作风、生活作风的具体表现和实践，是道德品质的基础，工作落实的关键。只有不断挖掘和培养个人的良好素质，发挥积极主动性，才能树立正确的人生观、价值观，才能在思想上、工作上不断提高和进步。

李汝海： 建立工作学习一体化相结合的和谐环境。

史纪丰： 学习是享受，工作是快乐，成就事业是幸福。

高青县国家税务局

黄河之滨聚财曲　硕果累累荡春风

高青县国家税务局现有在岗人员60人，下设6个行政科室、1个直属机构、1个事业单位和4个税源管理分局。2007年完成税收收入4.13亿元，同比增长26%。

高青县地处黄河之滨，是淄博市五区三县中经济总量和人口最少的一个县，9个乡镇中有5个沿黄河，是山东省为数不多的财政补贴县之一。近年来，高青县国家税务局狠抓基础建设，深化规范化建设，大力推进税收信息化，各项工作都取得了显著的成绩。先后被山东省委、省人民政府授予"省级文明单位"、被山东省人民政府授予"卫生工作先进单位"、被山东省妇联授予"巾帼建功示范岗"、被团省委授予"学雷锋志愿服务活动先进集体"、被淄博市人民政府授予"花园式单位"。

▶ 共同愿景

务实高效，法治廉洁，文明和谐，创新争先。

诠释：

务实：是指要从工作实际出发，从本职工作出发，不贪慕虚荣，不空谈、不浮夸，踏实工作，讲求实效；要积极了解工作的最新动态，掌握工作的真实情况，对领导布置的工作任务，要不折不扣地落实、保质保量地完成。

高效：良好的效率意识是做好国税工作的前提要求。作为职能部门，即要做到服务高效，业务熟练，工作质量高。内部工作扎实高效，保障一流的工作业绩。

法治：严格依法征收，强化依法行政观念，是国家机关的一项基本要求。加强法治宣传，法律面前，人人平等。税务机关要依法行政，纳税人也要依法纳税，用法律保护自己的权益。

廉洁：是保持队伍纯洁的重要要求，工作中要廉正无私，无私奉献，清白无污。

文明：物质文明的提高是税收服务的技术条件，美化服务环境，为纳税人提供方便的硬件条件。精神文明，服务人员言行文明，执法文明，服务周到，作风廉正为纳税人提供优质服务的软件环境。政治文明，法律意识、政策意识、自律意识、执行意识、大局系统观念、政令畅通、令行禁止。

和谐：征纳关系和谐，拉近与纳税人的感情，转变角色，加强服务，建立融洽的征纳关系。

创新：创新是社会组织个人发展的必然要求。建立激励创新的机制。积极发挥人的主观能动性对客观世界的作用，只有完善的制度才能保障创新的持续性。创新需要能力，只有不断地学习才可以不断提升创新的能力。

争先：争先是全局奋斗目标。全局要有在工作中创造一流业绩的决心。个人要在工作中有人人争先拼搏奋斗的进取心。

▶ 局领导个人愿景

张玉山：团结奋进，模范带头，构建和谐高青国税。

诠释：

团结是基础，只有团结才能出战斗力、出效率。只有团结全局干部，共同拼搏，在各方面起到带头作用，才能够带出一个和谐的队伍，才能履行国家赋予我们的神圣职责。

奋进是推动力，只有具有奋斗拼搏的精神，才能使我们的队伍，不怕困难，勇往直前。

模范带头是责任使命，作为领导，在工作中作出表率，是职责所在。

和谐国税是建立征纳和谐、组织和谐、社区和谐的新型国税。

愿景是展望，是目标，是拼搏方向。工作中真正以此激励自己。以"真实、务实、扎实、落实"为准则，尽心、尽力、尽职、尽责地做好领导工作，创建和谐国税。

赵明国：行政高效，管理科学，打造一流国税品牌。

诠释：

机关行政工作是繁杂、系统、关系重大的工作。工作的顺畅程度直接关系到全局工作的开展，关系到国税职能的完成。作为此项工作负责人，一直在思考如何使行政工作更上一层楼，使全局行政工作更合理、更科学、更顺畅，保障聚财为国，执政为民职能的实现。行政高效是一切工作的基本要求和保障，是国税优质服务的基石。管理科学是工作质量的前途和保障。打造一流国税品牌是我们工作的终极目标。加强自身学习，增进与同行之间的交流，吸取先进的管理经验和科学的管理方法，结合自身实际，形成科学合理的行政管理模式，提高自身工作水平。

牛照峰：时时破冰，激发风暴，铸就国税业务精品。

诠释：

随着社会的不断进步和发展，对税务工作提出了更高更新的要求，为做好新形势下的税务工作，必须要用科学发展观来指导我们不断提高工作水平，调整好个人心态，保持健康向上的生活态度。在这一过程中要敢于尝试，不畏困难，不断学习，不断提高。

时时破冰：不断开拓新的学习领域，时刻保持与时代要求同步，促进国税工作适应新的经济发展要求。

激发风暴：就是不断改善心智模式，激发头脑风暴，创新思路办法，提高国税服务水平。

铸就国税业务精品：通过学习不断提高自身业务水平，是干好本职工作、履行好自身职责的途径和保障。在工作中不断学习，才能紧跟时代步伐，不断提高创新能力。只有不断学习提高，才能在工作中多出精品、少出次品。

邵美文：有效监督，公正廉洁，树立一流国税形象。
诠释：
纪检监察工作是保证干部队伍纯洁的必要手段。只有加强廉洁勤政教育，才能够更好地保护教育干部免受腐败思想的侵扰，使国税队伍保持向上进取的精神风貌，完成党和人民赋予的神圣使命。有效监督是手段，公正廉洁是要求，树立形象是目的。有效监督要认真履行职能，不搞形式，真正把监督落到实处，形成有效监督。公正廉洁在工作中，就是不偏不倚，以身作则，保护干部为主。树立一流国税形象就要坚持以"公正廉洁，有效监督"为准则，认真行使职权，加强对队伍的思想教育，廉洁自律，打造一流队伍。

▶ 团队愿景和个人愿景

办 公 室

当好参谋，做好枢纽，协调有序，保障有力。
诠释：
办公室工作事务繁杂，上面一根针下面千条线，是单位的信息汇集中心和对内对外服务窗口。如何吃透上情，反映下情，如何抓管理、搞服务，如何提高行政效率，要顺利乃至高标准完成这些工作，必须进行全员学习，全过程学习，并要有明确的、简练的团队共同愿景，要得到全体干部的认同，要有规划和要求，所以形成了四个工作的切入点"参谋、枢纽、协调、保障"，以迅速形成学习型团队。

为领导决策当好参谋，做好上传下达的枢纽工作，利用国税窗口这一平台协调好内部和外部的各种关系，为全局各项税收工作的健康发展提供强有力的保障。

心灵灯塔

王朝阳：立志成为闪光的金子，为税收事业奉献一生。

诠释：

税收是共和国的血脉，税官是最光荣的职业，只有不断地加强学习，才能适应日新月异的税收发展工作要求。严以律己，宽以待人，用心做好每件事，快乐工作每一天。

王海波：踏实做事，挚诚做人，忠于职守，任劳任怨。

孟　彬：脚踏实地，勤勤恳恳，心如止水，爱局如家。

魏　杰：终身学习，超越自我，与国税事业共同发展。

税政管理科

务实创新，诚信服务，依法行政，争创一流。

诠释：

创新是社会和组织发展的必然趋势，创建学习型社会，落实科学发展观需要创新；组织要保持快速稳定发展，不断提高竞争力也要不断学习创新。创新是社会、组织和个人不断发展的必然要求。

依法行政是国家对行政机关的一项根本要求。依法行政，重点强调依法规范。把行政机关的行为纳入法律约束之下。

加强行风建设和国税机关作风建设，做到党政部门满意、社会各界满意和纳税人满意，树立公正执法、文明征税、优质高效、廉洁奉公的新形象。

刘堂功：务实勤政，爱岗敬业，奋发有为，创一流业绩。

诠释：

作为科室负责人，个人通过学习能力的提升，不断突破自身的能力上限，活出工作中的生命意义，在组织平台上体现职业化的价值人生。在工作中要兢兢业业，求真务实，干一行、爱一行、钻一行，真正做到政治坚定、作风务实、业务熟练，使自己具有令行禁止的行政纪律、能打硬仗的工作作风、团结奋进的团队精神、终生学习的进取信念。

张雪梅：简单做人，认真做事。

征收管理科

忠于职守，勇于负责，尽职尽责，勇于奉献。
诠释：
忠于职守：工作要忠于职守，热爱工作岗位，热爱本职工作。
勇于负责：勇于承担责任，遇到问题不回避，敢于面对。
尽职尽责：在岗期间，认真对待每一项工作，立足本职，尽自己所能做好工作。
勇于奉献：任劳任怨，积极努力，将自己的智慧和力量无私奉献给税务工作。

沈　燕：认真学习，快乐生活，努力工作。
诠释：
认真学习：学习永无止境，用知识来武装自己，充实自己，提高个人品位。
快乐生活：用心感受真情细微之处，做一个快乐的人，带领出一个快乐的团队。
努力工作：是个人责任心的体现，只有努力工作，才能体现人生的价值。

董瑞华：服务他人，快乐自己。

人事教育科

以最佳的精神状态、最佳的工作方法、最佳的工作效率，赢得最佳的工作业绩。
诠释：
人事教育科的各项工作，对于全局每一位同志，对于全局的整体工作来说，都是十分重要的。因此，在对待每一项工作时，都必须要严格认真仔细,确保每项工作,都按照规定准确圆满地完成。为了达到这个要求,我们提出了"以最佳的精神状态、最佳的工作方法、最佳的工作效率,赢得最佳的工作业绩"的团队愿景。

最佳的精神状态是做好每一项工作的必要前提;

最佳的工作方法是提高成员工作效率的重要保障;

最佳的工作效率是取得优异工作业绩的重要基础;

最佳的工作业绩是树立良好队伍形象的必要条件。

以保证最佳精神状态为前提,不断学习和探索新的工作方法,形成"在工作中学习,在学习中工作"的良好氛围,不断改善自身工作方法,努力提高自身工作效率,保证最佳的工作质量,进而取得最佳的工作业绩。

王跃龙:认认真真做事,勤勤恳恳学习,扎扎实实工作,堂堂正正做人,兢兢业业奉献。

诠释:

一切为了把人事教育工作做好。立足本职,服务全局。无论做人还是做事,不论学习还是工作,都要认真对待,把每件事情做好。全身心地投入到工作和学习中,以认真,勤恳,扎实的态度和作风,做好本职工作;以堂堂正正为做人原则,兢兢业业地为国税事业做贡献。在日常工作中,以愿景为目标和准则,以务实的态度,认真落实到实际的工作和学习中。

朱 丽:用心做好每件事,认真对待每一天。

孟兆凤:在岗一分钟,干好六十秒。

监 察 室

文明和谐,淡泊宁静,公正廉明,法制高效。

诠释:

文明:环境优美,科学务实;遵守道德,与人为善;忠于职守,令行禁止。

和谐：团结友爱，共同发展；互帮互助，文明平等；大局为重，健康向上。

淡泊：淡泊名利，两袖清风；清静自甘，任劳任怨；无欲则刚，有容乃大。

宁静：坚持原则，忠于职守；谦虚谨慎，虚心学习；沉着冷静，诚实守信。

公正：公平正义，不徇私情；爱国为民，坚持法制；坚持大局，光明磊落。

廉明：廉洁自律，正己正人；胸怀全局，一尘不染；仁义廉耻，无私无畏。

法制：依法办事，依法行政；实事求是，人人平等；是非分明，主次清楚。

高效：效率优先，质量第一；默默奉献，注重实效；积极进取，创新务实。

黄安君：道，德，仁，义。

诠释：

道：为人大道，做事公正；坚持原则，诚实友爱；胸怀全局，自觉服务；讲究科学，学以致用；爱国敬业，文明高效；实事求是，尊重规律。

德：和谐团结，共同进步；推己及人，公正平和；身心康健，淡泊名利；大局为重，原则优先；清谨勤勉，物我两忘；乐观向上，尊重规律。

仁：心胸开阔，助人为乐；平等博爱，热情善良；珍惜生命，保护自然；身体力行，以身许国；取长补短，与人为善；宽容忍让，忘记一己。

义：大是大非，耳聪目明；大处着眼，大道行事；国家人民，永远第一；正义忠贞，不挠不屈；科学民主，学无止境；慈悲为怀，浩然正气。

高居慧：保护干部，爱护干部，尽职尽责。

朱兴钦：做清正廉洁的榜样。

办税服务厅

与时俱进，学干结合，创新服务，培树形象。

诠释：

与时俱进：积极引导同志们转变思想，更新观念，改善心智模式，大力加强业务学习和培训，为团队和个人事业的发展提供坚强保障。

学干结合：紧密联系工作实际，坚持学以致用、用以促学，更好地把学习成果应用到办税服务厅的工作实践中。

创新服务：不断整合服务项目，强化"文明"服务、"高效"服务、"人性化"服务、"诚心"服务、"特色"服务，进一步提高服务质量和层次。

培树形象：办税服务厅是窗口单位，直接面向纳税人，辐射面广，具有较大的宣传优势，代表着国税形象。因此，做好办税服务厅的工作，对于宣传和谐国税文化，树立良好国税形象具有重要意义。

王玉忠：服务纳税，大胆创新，严格执法，务求实效。

诠释：

服务纳税：积极构建和谐服务体系、健全服务机制，真诚对待纳税人，切实维护好纳税人的合法权益，从而缩短征纳之间的距离，维护纳税人权益，促进各项工作，提高服务水平。

大胆创新：创新是发展的动力和源泉，是解放思想、与时俱进的根本要求和集中体现。只有坚持既创新又求实，在求实中体现创新，在创新中坚持求实，才能发展。

严格执法：坚持严格执法，寓执法于服务之中，做到服务与执法并重，文明与严格同行，严格执法与优质服务相辅相成。

务求实效：坚持实事求是、与时俱进，认识事物的本质，把握事物的规律，理性地指导工作。

成光明：转换心智，勤奋敬业，学习创新，增强本领。

王德军：终身学习，锻造自我，工学相长。

计划统计科

团结协作，求实创新，和谐奋进，争创一流。

诠释：

团结协作是一切事业的基础，个人和集体只有依靠团结的力量，才能将个人愿景和团队愿景结合起来，超越个体局限，发挥集体的协作作用，产生 1+1>2 的效果。

创新是解放思想、与时俱进的根本要求和集中体现，是一种有实际效用的实践活动。离开求实的创新，是脱离实际，不是真正的创新。

和谐奋进，"和谐"，就是人与自然、人与社会、人与人的和谐，它含有包容、开放、协作、融合之意；"奋进"，就是不断创新，追求一流与完美，它凝结了敢为人先、争创一流的进取之心。

争创一流，在工作中，人人奋发，个个争先，以人员素质一流，工作质量一流，工作态度一流，精神面貌一流等几个一流来严格要求督促自己，取得优异成绩，争创一流团队。

张玉红：做事先做人，正人先正己。

诠释：

做事先做人是指导我们为人处世、工作生活的一条原则，人做好了，事才有可能做好。

凡事都要先思考；凡事都要严以律己；凡事都要以身作则；凡事都要身先士卒；凡事都要先公后私；凡事都要先人后己。

求真就是实事求是地认识事物的本质，把握事物的规律。务实则是要在这种规律性认识的指导下去实践。

超越自我是对自身能力或素质的突破，这不仅仅是心理潜能的激发，更多的是人性的完善、境界的提高或智慧的凝结。

高　健：自我加压强素质，努力创新争奉献。

稽 查 局

执法有力,管理有序,文明高效,勤政廉洁。

诠释:

"执法有力,管理有序,文明高效,勤政廉洁",既体现了我们稽查局的工作目标,也展现了稽查人员的职业操守。为实现这一团队愿景,我们认为,努力学习是基础,只有通过不断的学习,努力提升自身政治、业务素质水平,才能适应不断变化的工作形势,才能适应稽查工作的需要,从而为全面做好稽查工作打下坚实基础。

于 彬:认真学习,踏实做事,勤勉工作,热情带队。

诠释:

作为稽查局的一把手,如何做好这个领头人,带出一支政治、业务素质过硬的干部队伍,一直是我不断思考的问题,只有以身作则,严格要求自己,用实际行动带领稽查局全体干部职工共同做好国税稽查工作。社会每天都在进步,不学习就会被社会淘汰,因此,认真学习是紧跟时代步伐的需要,是不断变化的稽查工作的需要。认认真真做事,踏踏实实做人,一直是我多年来对自己的要求。

彭同法:踏实工作,踏实学习,踏实做人。

高保祥:做好人,读好书,办好事,走好路。

信 息 中 心

科技服务税收,青春奉献岗位。

诠释:

信息中心在税收信息化建设中会与各业务部门共同协作,并提供培训、技术保障、网络等服务,提供更好的技术服务使各业务部门工作顺利开展。要做好这些,需要我们做出更多的奉献。为各业务部门提供技术服务,共同做好税收信息化建设工作。勤学苦练,勇于实践,在工作中学习，在学习中工作。

范卫东：终身学习，提升素质，爱岗敬业，做好工作。
诠释：
国税机关的信息中心，担负着税收信息化建设的重担，而目前的信息技术正一日千里地飞速发展，作为信息中心的技术人员和管理人员，只有不断地加强学习，才能适应工作要求。通过学习，不断提高自身业务素质和技术水平，才能出色地完成岗位工作，为我国的税收事业贡献自己的力量。勤学苦练，勇于实践，在工作中学习，在学习中工作。

城 区 分 局

打造一支政治合格、业务精通、纪律严明、作风过硬、忠于职守、执行有力、廉洁奉公、锐意进取的优秀团队。
诠释：
一个优秀的团队，是具有自我管理能力的团队。实现自我管理的优化和团队管理的优化，形成互相理解、协调合作的组织群体。健全服务机制，建立和完善税收援助、救济机制，切实维护好纳税人的合法权益。加强办公环境和生活环境的建设，强化各项业务技能的提高，加强行风建设和国税机关作风建设，做到党政部门满意、社会各界满意和纳税人满意，树立公正执法、文明征税、优质高效、廉洁奉公的新形象。

张道斌：带出全县一流的征管队伍。
张启海：建立一套适合高青的个体征管方法。
程恩华：勤奋学习，努力工作，熟练掌握税收业务。

青 城 分 局

管理优化，服务优质，环境优美，素质一流。
诠释：
管理优化：管理无小事，强调自我管理的优化和团队管理的优化，形成互相理解、互相学习整体互动思考、协调合作的组织群体。

服务优质：强化办税厅服务功能，为纳税人提供更个性化、人性化，更及时、有效的办税服务；坚持"文明办税"，建立服务监督制约机制等，真诚对待纳税人，切实维护好纳税人的合法权益。

环境优美：加强办公环境和生活环境的建设。办公环境做到室内物品摆放有序，没有卫生死角；生活环境做到庭院绿化美化，人人保持良好的个人卫生和公共卫生习惯。

素质一流：加强行风建设和国税机关作风建设，做到党政部门满意、社会各界满意和纳税人满意，树立公正执法、文明征税、优质高效、廉洁奉公的新形象。

赵　明：凝聚团队力量，提升工作水平。
诠释：
在工作中学习，在学习中工作，充分发挥团队每个干部的主观能动性，积极学习，不断提高综合素质，团结奋进，充分发挥团队的力量，把分局工作做好。

张良国：以不断学习为追求，以不断提高纳税人满意度为目标。

杨荣祥：实现个人价值，为税收事业的和谐发展做贡献。

赵 店 分 局

求真务实，扎实苦干，开拓创新，争创一流。
诠释：
求真务实，扎实苦干：每个人的岗位就是自己的事业，在各项工作中都要求真务实，扎实工作，真正落实到县局提出的"四实"精神上来。

开拓创新，争创一流：创新是一个民族的灵魂，创新是社会和组织发展的必然趋势。创建学习型社会，落实科学发展观需要创新；组织要保持快速稳定发展，不断提高竞争力也要不断学习创新。创新是社会组织和个人不断发展的必然要求，只有通过学习才会不断发现新事物，发现新规律。

争创一流的队伍，实现政治合格、业务精通、忠于职守、廉洁奉公、锐意进取。争创一流业绩，实现收入规模、质量同步提高，税收科学化、精细化、征管质量、征管效率明显提升，在县局的考核中取得优秀成绩。

孙华玉：不断学习增强素质，带一流队伍创一流业绩。
诠释：
作为分局的负责人，首先要身先士卒，模范带头学习，只有不断学习来提高自身的政治、业务素质，才能做到政治坚定、业务精通，保证县局政令畅通，适应新形势下的税收工作，因此要形成终生学习的进取信念。

要实现质量、征管效率明显提升，圆满完成县局部署的各项工作，在县局的各项考核中创一流业绩。

陈建军：尽职尽责，敬业精业，争创佳绩，任劳任怨，优质高效。
李学春：提高自身素质，增强本领，用心做好每件事。

高城税务所

税收管理精益求精，社会形象全面提升，各项工作争创一流，打造团结拼搏、开拓创新的学习型税务所。
诠释：
以学习业务为切入点，使单位形成良好的学习氛围，使税收管理工作精益求精；以优质服务，公正执法为切入点，在社会上树立良好的国税形象；通过学习，使全所各项工作创一流，造就一支团结拼搏，开拓创新的学习型税务所。

杜学军：快乐学习，快乐工作，不断学习，超越自我。

心灵灯塔

诠释：

快乐工作，快乐学习，在工作中学习，在学习中工作，始终以乐观的态度工作学习，带领全所同志不断学习，努力工作，超越自我，使各项工作上台阶，创一流。

王贵利：认真学习，扎实工作，为税收事业作贡献。

韩道兵：团结协作，干好本职工作。

刘远彬：加强学习，踏实做事。

沂源县国家税务局

钟灵毓秀沂河源　情系老区谱新篇

沂源县国税局现有在职干部职工140名，内设7个科室、1个稽查局，下设5个征收分局，负责全县936户企业、2362户个体工商业户和26个集贸市场的税收征管工作。2007年完成税收收入4.7亿元，同比增长43%。

沂源县地处沂蒙革命老区，钟灵毓秀的沂水河横贯县城。多年来，他们以"和谐兴局，团结拼搏，争创一流，再铸辉煌"为出发点和落脚点，和谐的机制渗透到税收工作的方方面面，全局的各项工作处处展示着勃勃新姿，文明办税结出丰硕果实。自1988年开始连续19年被命名为省级"文明单位"，先后两次荣获全国税务系统"先进集体"，三次被表彰为"全省税收先进单位"，获得"全省税务系统先进集体"、"全省'二五'普法先进集体"、"全省普法依法治理先进单位"，"全省巾帼文明岗"，系统内所有管理分局全部是"市级文明单位"、省市级"青年文明号"。

▶ 共同愿景

打造忠诚、文明、和谐、富有活力的沂源国税。

诠释：

沂源县国家税务局地处沂蒙山区，是一个连续19年保持省级"文明单位"的老牌文明单位。在新的税收形势下，如何发扬老传统、展示新活力已成为全局人员的新使命。这一愿景体现了沂源国税人开拓进取、干事创业的气魄。

忠诚：忠于组织，忠于税收事业；精诚团结，讲究诚信；

文明：文明带队，文明执法，文明服务，倡树文明新风尚；

和谐：领导尽职，职工尽责，气和心顺，和谐发展，和谐兴局；

富有活力：挖掘职工潜力，激发团队活力，与时俱进，开拓进取，共创沂源国税美好未来。

为践行共同愿景，最终实现共同愿景，沂源县国税局将以团队学习为基础，强化职业道德建设、国税文化建设，丰富文明创建载体，完善工作考核体系和奖惩机制，引导广大干部职工全力打造忠诚、文明、和谐、富有活力的沂源国税。

▶ 局领导个人愿景

于亦刚：带领全局干部职工努力完成税收任务，实现政绩考核、行风评议名列前茅。

诠释：

沂源县为山区农业县，工业基础相对薄弱，经济基础相对落后。但近几年沂源经济跨越式发展，为国税组织收入提供了强有力的保障。我们要在市局党组和县委、县政府的正确领导下，以组织收入为工作中心，强化措施，团结拼搏，圆满完成税收任务。同时以"建设一流班子，打造一流队伍，争创一流业绩，树立一流形象"为工作目标，树立和坚持科学发展观，开拓创新，和谐兴局，实现政绩考核名列全市前茅，行风评议"八连冠"的目标。

杜道宝：认真学习、工作，守勤补拙，争做业务能手、管理行家。

诠释：

以"素质提升年"为目标，通过不断加强政治学习和业务学习，开阔眼界，创新工作，争做业务型领导；牢记"勤能补拙"、"学以致用",用勤奋工作做管理的行家能手。

房克堂：思维首超前，工作卓有效。
诠释：
各级领导都倡导创新工作，国税工作需务实有效。
超前的工作思维方式在群众之首，分管的工作一定卓有成效。
一是努力学习和实践，将自己锻炼成善管理、会工作、思路新的复合型管理干部；二是扑下身子，对分管的各项工作敢抓、敢管，求真务实，确保有效成果。

张久强：山水竞秀，齐心奉献；人人向上，和谐发展。
诠释：
沂源的近期目标就是打造山水城市。
山水竞秀寓意沂源国税局争先创优，体现了一种奋发有为的精神风貌。
齐心奉献寓意沂源国税人团结奋进，敬业尽职，为建设和谐社会做贡献。
人人向上：所有干部职工都富有朝气，充满激情，不甘落后。
和谐发展：实现"三个和谐"，促进"三个发展"，即实现团队内同志之间的和谐，促进个人的全面发展；实现个人与团队之间的和谐，促进沂源国税的发展；实现国税部门与纳税人之间的和谐，促进国税事业的发展。

张照海：在个人超越中升值，在心智改善中提升；在终生学习中进步，在共同愿景中前行。
诠释：
人最难超越的是自己，干国税事业需要不断超越自我，充分发挥自身潜能，改善心智模式，让个人价值在组织前进中逐步提升；大力践行终生学习，让自身的能力学识能够与时俱进，最终目标是实现组织的共同愿景。

团队愿景和个人愿景

办　公　室

创建忠诚尽责、真诚待人、竭诚做事为主要内容的"三诚服务"品牌。

诠释：

办公室作为一个重要的枢纽部门，对内肩负着服务领导、服务机关、服务基层的任务，对外担负着有效沟通、树立和谐国税形象的责任，这要求每个同志忠于职守，尽职尽责，真诚朴实，认真办事，竭尽所能，打造"忠诚尽责、真诚待人、竭诚做事"的机关服务品牌。

郑春祥：加强自身建设，服务沂源国税。

诠释：

人是生产力中最活跃最根本的要素，只有加强自身政治素质、组织能力、协调能力、业务素质的建设，才能更好地服务沂源国税事业，进而为沂源跨越式发展贡献自己的力量。

李守伟：工作顺心有正气，团结协作有和气，身体健康有朝气。

徐加东：做好每天必做之事，尽好每天必尽之责。

马　峰：提升自身素质，多出精品文章。

公晓强：做事先做人，进取创佳绩。

杨明武：局兴，家和，人安。

翟所孔：家庭和，人平安；工作清，心不烦；身体好，常锻炼；做人实，睡觉安。

秦成水：干到老，学到老，奉献一生。

于永军：说实话，办实事，务实效。

税政管理科

规范执法，热情服务，争创一流业绩。
诠释：
规范执法：就是认真学习税收政策法规，吃透文件精神，及时传达贯彻，指导、监督基层管理分局，及时、准确地落实到位；定期组织税收执法检查，及时纠正日常执法中的差错，确保政策正确落实。
热情服务：就是积极为基层管理分局、纳税人提供快捷、高效、热情、周到的服务，在最短的时间内准确地解答他们遇到的税收疑难问题，以及其他涉税事宜，努力为他们提供全方位服务。

温廷军：严执法，强管理，优服务，创一流。
诠释：
严执法：就是要加强日常税收政策的学习，严格贯彻、落实，保证全县税收政策落实及时、到位、不走样。
强管理：就是加强对科室人员学习贯彻税收政策情况的管理，加强对管理分局税收政策落实情况的管理；及时根据上级文件精神，组织制定适合我县实际的行业管理办法，不断提高我县税收管理整体水平。
优服务：就是要永远树立服务意识，努力为管理分局、县局其他科室、特别是广大纳税人，提供全方位优质、高效的服务，为树立良好的国税形象做出积极的贡献。

任守峰：终身学习，学以致用，永葆活力。
吕　勇：刻苦学习，敬业奉献，争当税收工作多面手。

征收管理科

抓好制度落实，优化纳税服务，提高征管质量和效率。

心灵灯塔

诠释：

当前税收征管工作千头万绪，政务公开、做好服务成为政府部门的重要职责，税收管理水平需要进一步深化。

做好税收征管工作必须落实好各项征管制度。提高纳税服务水平与强化税收征管是相辅相成、互为促进的，做好税收征管工作的根本目的就是提高征管质量和效率。我们征管部门的工作愿景就是要落实好各项税收征管制度，夯实征管基础，做好纳税服务，实行办税公开，提高纳税人依法办税和纳税意识，实现管理和服务的并举和共赢，促进全局税收征管质量的提高，促进税收收入的稳定增长。

周堂泽：潜心钻研业务，保证工作质量。

诠释：

税收征管工作涉及面较广，业务面较宽，工作质量要求较高，非常需要对征管工作进行细心研究，力争做到精通业务，准确、高效地做好各项工作，全力保证工作质量。

要落实好愿景实现，必须加强税收业务知识学习，全面掌握税收征管工作各项实际业务，积极开展税收调研，认真研究征管工作，做到熟悉征管、精通征管，为征管工作出谋划策，以对征管工作的准确领会力指导好全局征管工作，严格加以落实，全面提高全局征管质量和效率。

黄衍文：求真务实，学精业务。

丛　丽：在平凡的岗位上做出不平凡的成绩。

尚绪花：细中求实，矢志奉献。

桑运峰：做一名优秀的税务工作者。

人事教育科

把思想工作做"细"，把培训工作做"强"，创亮点，创佳绩。

诠释：

随着社会经济快速发展，干部职工思想日益丰富活跃；随着税收形势不断变化，从税人员素质需要大力提高。为建设思想稳定、素质过硬的队伍，我们在愿景建立上突出一个"实"字，强调一个"强"字，履行人事教育工作职责，为各项税收工作上台阶、上水平提供保障。

把思想工作做"细"，就是要把思想教育工作贯穿于税收工作的全过程，延伸到八小时以外，具体到每个人、每件事。把培训工作做"强"就是要丰富教育载体，灵活培训形式，通过强有力的培训，提高素质，增强技能，适应需要。

深化全员额、全过程、全时制"三全"人员管理办法，帮助广大干部职工缓压力，解难题，增干劲；依托机关夜校，开展全员轮训活动，有组织、有计划、有步骤地提升队伍素质。

牛玉伦：快乐学习，不断进步，展示特长。

诠释：

向往快乐学习，希望不断进步，塑造完美自我。快乐学习每一天，天天都有新进步，步步登高好心情。改变学习观念，在学习中寻找乐趣；改进工作思路，在不断提高中求进步；改善心智模式，展示自我，释放激情。

袁红霞：岗位小天地，人生大舞台。
苗润芳：多看、多问、多学、多干，做"四多"岗位标兵。
祝庆华：服务老干部，当好勤务兵。

监 察 室

让廉洁守护和谐，让廉洁根植国税。

诠释：

国税部门是国家的重要经济管理部门，国税干部能否廉洁从政，不但关系到党和政府在人民群众心目中的地位和形象，而且关系到国税事业的前途和命运。千里之堤，溃于蚁穴，廉政上出一点点问题，就会毁掉和谐国税的大好局面。在构建和谐国税的过程中，应把廉政建设摆在突出位置，常敲警钟，常抓不懈。应加强廉政教育，用真实的事实、典型的案例教育干部筑牢拒腐防变的思想防线，使其明辨是非、知法守法。积极营造一种反腐倡廉的公众文化氛围，在国税系统构建以"聚财为国、廉洁执法"为主要内容的共同价值观。

王玉婷：认真做事，清廉从税。
诠释：
希望我们每名国税干部都做到常修为政之德，常思贪欲之害，常怀律己之心，常戒非分之想，以廉为美，以廉为荣，使勤政廉政成为广大国税干部的一种精神追求，一种思想境界，一种自觉行为。

崔京堂：勤学善习，不断超越。
张文学：尽力完善自我——只为仰俯是人；
　　　　顺其自然发展——但求无愧吾心。

计划统计科

营造和谐工作环境，创造一流工作业绩；确保县局先进科室，确保全市计统第一。
诠释：
随着我国社会经济的快速发展，税收形势日新月异，计划统计工作随着形势的变化，职能由原来单纯下达计划、算算数转变为全方位监督组织收入工作，为税收工作提供思路、保障。要更好地实现这种转变，就必须以人为本，营造和谐工作环境，创造一流工作业绩。

营造和谐工作环境，就是要把计划统计工作贯穿于税收工作的全过程，为全局组织收入工作营造出和谐的内部环境、外部氛围；创造一流工作业绩，就是要创新思路，改进方法，开拓计统工作新局面。

依托省市局对计统工作的重要指示，借助各种税收软件，发挥主观能动性，团结协作，创新工作思路、方法，实现"确保县局先进科室，确保全市计统第一"的工作目标。

宋以民：凝聚团队力量，服务收入大局。

诠释：

随着计统工作职能的转变，作为计统工作的具体负责人，必须及时熟知、适应这种变化，为更好地开展工作提前做出决策。

精通各项计统工作业务流程，开拓思路，创新方法、正确决策，带领科室人员为全局税收任务完成和税收收入质量进一步提高提供全方位优质服务。

对自己、科室人员工作上高标准、严要求，出色完成每一项工作；生活上多了解，主动关心，为全科人员创造更加和谐舒适的工作环境。

贾瑞良：工作"零"差错，服务百分百。

孟凡吉：严格细致，确保计统核算信息正确率百分之百。

王佳芳：认真负责，确保税收票证管理工作万无一失。

丁　燕：细心比对，深入分析，努力工作。

办税服务厅

零投诉服务，零障碍衔接，零错误操作。

诠释：

零投诉服务：融洽征纳关系。推行"文明用语"，禁用"服务忌语"，即时发放业务明白纸，推行预约服务、延时服务、微笑服务等制度，加强服务监督，实行全员绩效考核。

零障碍衔接：顺畅业务流转。做好"分局—服务厅—县局"之间的文书流转、业务衔接。设置了"纸质资料传递岗"，各类纸质资料由专人负责登记、传递。

零错误操作：增强学习氛围。督促大家每天查看执法考核系统，集体讨论考核指标，增强软件操作技巧，激发大家的学习热情，在工作中学习、在学习中工作，成为每个同志的共鸣。

周　刚：静心学习，积极工作，快乐生活。

诠释：

静心学习：树立终生学习理念，为完善自我而学，为努力工作而学习。

积极工作：端正工作态度，摆正服务位置，淡泊名利，在工作中体会快乐、充实自我。

快乐生活：总结好昨天，把握好今天，计划好明天，健康快乐每一天。

尚绪香：干一行爱一行，干一行专一行。
孔令霞：提高岗位技能，争做岗位标兵。
韩　红：提高业务素质，争做服务明星。
周彩虹：以一流的服务，创一流的业绩。
张兰凤：用一流的业务技能，为纳税人服好务。
张振伟：爱岗敬业，实现自我价值。
尹　鹏：争做省级业务能手。
唐敬庆：用心服务，精益求精。

税源管理科

严执法，精管理，优服务，创一流业绩。
诠释：
严执法：严格税收政策执行，强化税收执法的刚性，提高纳税人的税法遵从度。

精管理：坚持以科学化管理为指导，全面加强税务精细化管理。推行目标管理，注重责任管理，规范内部管理。

优服务：相信纳税人，尊重纳税人，还权纳税人，服务纳税人，改进服务方式，创新服务手段，做到服务与管理的有机结合，在强化管理中提高服务水平，在优化服务中加强税收管理，着力构建和谐的税收征纳关系。

创一流业绩：始终保持一种锲而不舍、勇往直前的精神和不达目的决不罢休的劲头，扎扎实实地干好每一项工作，干成每一件事。

史新平：务实，进取，争先。
诠释：
勤思好学，多用心，多思谋，多琢磨事，少琢磨人，深入实际，认真调查研究，清楚掌握本单位情况，做到脑中有法、眼中有物、胸中有数。具备一定的专业知识和认识问题、研究问题、解决问题的能力，想方设法，千方百计地落实目标、达到目标，实现预期的效果。团结就是力量，团结全体干部职工齐心协力，顾全大局，形成人人奋勇争先的团队。

任允富：学习有进步，工作有起色。
公茂新：提高综合知识，加强自我修养。
吴宜盈：做一名称职税管员，家庭事业双丰收。
彭　涛：想干事，会干事，干成事。
王京德：扎实工作，服从安排。

稽 查 局

一流税收业务，一流稽查队伍，一流工作业绩。
诠释：
创一流税收业务：我们要发扬沂源县国税局"特别能吃苦、特别能战斗"的优良传统，以开展案例剖析会、稽查经验交流会、自学等多形式提高干部稽查业务，使每名稽查干部成为业务尖子。

创一流稽查队伍：严格执行稽查局岗位目标责任考核等各项规定，遵守廉政纪律，使每名稽查干部做到纪律严明，政令畅通，确保特殊岗位不特殊。

创一流工作业绩：严格执行国家的各项税收政策法规，积极开展各项专项检查和专项整治，提高对偷税行为的处罚比例，对各类税收违法行为进行有力打击。在增加税收任务的同时，整顿纳税秩序，使偷税数额、偷税数量逐年下降。

江玉友：执法程序规范，队伍素质提高，稽查任务完成。

心灵灯塔

诠释：

监督每名稽查干部严格遵守税务稽查操作规程，按照法定程序、法定权限开展稽查工作，确保不违规操作，增强自我保护意识。带头开展税收业务学习，组织干部利用业余时间进行自学、案例剖析、稽查经验交流等活动，促进全体人员稽查业务水平的提高。带头执行国家公务员应当遵守的各项规定，带头遵守廉政纪律，组织开展各项专项检查和专项整治，提高对偷税行为的处罚比例，加大处罚力度，对各类税收违法行为进行有力打击。

庄　群：学习好，工作好，身体好。
于永胜：稽查程序无过错，执行法律无过错，数据录入无过错。
朱西军：勤学苦练，早日成为复合型人才。
温廷华：勤奋，快乐，健康，和谐。
徐纪忠：增加合法收入，愉快健康一生。
崔现伟：挚诚做人，忠于职守，任劳任怨。
公茂成：用道德净化心灵，用知识武装头脑，用勤奋强健身体。

信 息 中 心

实现"三通"——技术通、网络通、服务通。

诠释：

牢固树立服务意识，依托省市局构建的信息化平台，借助各种税收软件，加强信息化知识培训，积极发挥主观能动性，重视团结协作，创新工作思路、方法，保证信息及网络的安全，做到及时维护，确保其高效运行，真正做到"三通"——技术通、网络通、服务通，努力打造税收工作的快车道！

耿红生：工作创新高，业务创一流。

诠释：

信息化工作要求越来越高，涉及面越来越广，不是单纯的一项工作，而是涉及税收工作的方方面面，这就要求不仅掌握信息技术，也要熟悉税收业务，真正做到急税收工作之所急，想税收工作之所想，工作创新高，业务创一流，当好服务员。

要落实好愿景实现，必须加强信息化及税收业务知识学习，全面掌握信息化工作各项实际业务，积极开展信息化调研，认真研究信息化工作，做到熟悉信息化、精通信息化，为信息化工作出谋划策，以对信息化工作的准确领会力指导好全局信息化工作，严格加以落实，全面提高全局信息化质量和效率。

王业辉：努力学习，勇争第一；扎实工作，服务创新。

城区分局

每个干部做榜样，整个团队创品牌。

诠释：

城区分局任务重、困难多、压力大，所以全体干部职工都要认真学习、掌握各种税收法规政策，具备一定的专业知识和工作能力，增强法纪观念，提高税收征管技能，提高工作质量和工作效率，齐心协力，顾全大局，形成创一流业绩的团队。

分局根据不同岗位、不同人员的具体情况，抓好团队学习，使干部的思想观念不断更新，理论素养不断提高，知识结构不断完善，业务水平不断提升，创新能力和进取精神不断增强，努力争创一流的班子、一流的队伍、一流的作风、一流的管理、一流的业绩和一流的形象。

张贵序：以人为本，精细管理，科技兴税。
崔爱珍：快乐工作，安全和谐。
苗本璐："团结＋和谐"、"健康＋进取"。
陈洪太：创新实践，敢为人先。
孙启祥：从用手做事，到用心做事。

尚现富：每天都有新的进步。
公培荣：安全、健康、工作争先。
娄树果：诚心服务，奉献社会。
魏　瑾：忠诚敬业，勤奋务实。

鲁村分局

强化征管，优化服务，聚财为国。

诠释：

强化征管是税收工作的重中之重，不断优化服务，为纳税人创造良好的纳税环境，是新形势下打造行业标兵，塑造良好国税形象给我们提出的要求。

我们要统一思想，提高认识，把团队愿景作为今后工作的指导思想和奋斗目标。要充分利用现有的工作平台和有效的征管手段，不断加大征管力度，增强服务意识，优化服务全过程。立足本职，收好税、多收税，充分发挥税收职能作用。各项工作都落实到实处，努力完成聚财为国、聚财为民的神圣使命。

毕玉法：当好班长，模范带头。
张宗法：有一个好的身体，好的心情，好的收入。
侯志峰：简化工作流程，提高工作效率。
徐志贵：好好学习，好好工作。
江玉水：把职业当成事业。
刘道坤：工作好，心情好，身体好，收入好。

悦庄分局

团结和谐，待遇良好，环境优美，工作一流。

诠释：

团结和谐：团结凝聚力量，和谐提高效率。在日常工作中增强团队的凝聚力和向心力，搞好上下关系和同事关系，强化内部管理，做到政令畅通。

待遇良好：关心职工日常生活，适当提高职工待遇。

环境优美：搞好环境卫生和绿化工作，努力为纳税人营造舒适、干净、优美的办税环境，提升分局的良好形象。

工作一流：加强税源管理，优化纳税服务，提高税收征管的质量和效率，维护纳税人合法权益。认真贯彻执行上级工作部署，坚决完成税收任务。争优创优，打造一流团队。

李发刚：业务熟练，干事创业。
王建龙：虚心学习，争取在三年内成为税收业务多面手。
崔玉和：年内熟练操作各项业务软件。
崔现龙：快乐学习，争做一名学习标兵。
韩兴宏：认真学习，努力工作，做人民满意的公务员。
赵小锋：学业务，练技能，尽快胜任办税服务厅工作。

东里分局

运用正确的税收征管思路，深化税源精细化管理，积极推进学习型分局建设工作。

诠释：

发挥税收职能作用，促进税收与经济协调增长；深化科学化、精细化管理，营造公平正义和谐的税收环境；提高服务质量和执法水平，建立和谐征纳关系；加强学习型组织建设，塑造强有力的干部队伍；推进依法行政和管理创新，建设和谐国税机关。

唐守渌：真心做事，公心执法，和谐向上，务实创新。
李泽忠：多学习，多观察，多思考。
崔　伟：多积累，常思考，求高效。
杨光明：悟思进取，提高技能，促进工作。

王　华：干好工作，团结同志，争创佳绩。

土门分局

单项工作争第一，整体工作上水平。

诠释：

土门分局连续两年在全局综合考评中名列第一，百尺竿头，更进一步是分局全体人员的共同选择。

单项工作争第一就是要在上级局部署的每项工作中，做出一流成效，创出特色经验；整体工作上水平就是在做好单项工作的基础上，集小胜为大胜，使分局的整体工作效能实现飞跃。

进一步加强团结协作意识，调动每名同志的主动性、能动性，形成团队的整体合力；进一步强化和谐意识，通过团队内个体间的和谐，促进个体素质的提升，夯实基础，通过个体与团队间的和谐，促进团队战斗力的提升，提高业绩，通过团队与外部环境间的和谐，创造良好的社会氛围，树好形象。

左进河：争做一名政治素质高，业务能力强，能带好队、收好税的好班长。

周国娇：练就一身好本领，为国聚财创佳绩。

左效福：加强业务学习，争当征管能手。

王均成：增强素质，踏实工作，再创佳绩。

李善月：工作求真务实，争创国税一流，做一名优秀税收管理员。

徐永庆：努力工作，认真学习，团结同志，讲大局。

王武平：搞好团结，圆满完成工作任务。

朱庆胜：思想品质高，工作勇争先。

齐贡国：加强学习，提高素质，适应新形势下税收工作需要。

唐敬学：多干实事，创造新佳绩。

淄博高新区国家税务局

火炬之光映崛起　涛头弄潮唱腾飞

　　淄博国家高新技术产业开发区1992年11月经国务院批准设立，1993年开始建设，辖区面积121.13平方公里。

　　淄博高新技术产业开发区国家税务局成立于1994年8月，是隶属于淄博市国税局垂直领导的正县级单位。下设9个职能科室，现有在职干部职工70人，担负着辖区内3200多户纳税人的税收征收管理。2007年完成税收收入10.3亿元，比上年同比增长31.36%。连续五年被评为山东省"文明单位"，全市税收执法管理信息系统V2.0推行工作先进区县局、综合征管软件V2.0推行工作先进区县局、六员培训先进单位、高新区政风行风建设先进单位，多次荣获淄博市文明单位、淄博高新区政风行风建设先进单位、淄博市国税系统"最佳办税服务厅"等荣誉称号。

▶ 共同愿景

　　优质高效的税收管理水平，创新和谐的税收工作集体。
　　诠释：
　　围绕建设素质优良的队伍、严谨科学的管理、严格规范的执法、优质快捷的服务，将打造持续创新、和谐发展、自我超越、永不止步的淄博高新区国税品牌为目标，形成高新区国税特色的共同愿景。愿景定位高远，立足全市国税系统，瞄准全省先进集体，放眼全国税务单位。

优质高效就是要建设一支政治、业务素质优良的国税队伍,实现管理科学化、精细化、电子化、数字化,税收执法流程规范、手段先进、落实严格,纳税服务优质、快捷、多样,让国家放心、社会信赖、纳税人满意。

创新是社会、组织和个人不断发展的必然要求。党的十六大提出实现科学发展,建设创新型国家。要开创国税工作新局面,树立国税部门新形象,实现税收工作科学化、精细化,塑造新型国税人形象,必须具有善于学习、勇于创新的理念和与时俱进、拼搏进取的创业精神,求新、创新、学习、发展是实现组织成长、个人成才的必由之路。

和谐是当今社会发展的主流,建立与社会、纳税人、组织内部和成员之间的和谐关系是国税事业发展的基础。树立为国、为民执法理念,坚持聚财为国、执法为民的税务工作宗旨,树立为纳税人服务的意识,强化诚信服务,在执法中服务,在服务中执法,服务让纳税人满意,建立和谐征纳关系,促进和谐社会建设。

▶ 局领导个人愿景

戴继锋：带好队伍,干好工作,公正廉明,创新发展。
诠释：
带好队伍：坚持以人为本,做到权为民所用、情为民所系、利为民所谋；坚持科学领导,做到勤思考、善谋划、慎用权；坚持正己修身,做到让组织放心、让群众信赖；坚持调动一切积极因素,做到凝心聚力,维护好班子团结、队伍团结。

干好工作：工作好不好,关键在领导。单位工作要上新台阶,领导工作必须要有新思路；要坚持实干立身,要坚信实干兴邦；要树立一流的标准,干出一流的工作,创造一流的业绩。

公正廉明：坚持以身作则、勤政廉洁,做到政治上坚定、思想上坦荡、生活上清廉,对己清正、对人公正、对内严格、对外平等,淡泊名利、知足常乐,坦然面对各种诱惑,时刻筑牢法纪道德防线。

创新发展：创新实现发展,发展铸就辉煌。不断强化创新意识,勇于并善于从学习中、实践中寻找解决问题的新思路和新办法，创造性地开展工作。瞄准国税发展大目标，持续改进，不断开拓，励精图治，团结拼搏，努力开创高新区国税事业新局面。

芦加清：扎实干工作，廉政树形象，创新谋发展。

诠释：

作为一名党的领导干部，不管遇到什么情况，都要保持共产党人的觉悟和风范，继续保持奋发向上的精神状态和积极进取的工作干劲，竭尽全力尽好职责，干好本职工作，为党、为国税事业贡献自己的力量。要自尊自重，自警自励，廉洁奉公，秉公用权，不争权逐利，不损公肥私，树立党员干部的良好形象。瞄准国税发展目标，励精图治，勇于创新，努力推进高新区国税工作迈上新的台阶。

张德仁：为民服务，为国聚财，为党争光。

诠释：

作为国税系统的一名领导干部，必须认真践行"聚财为国、执法为民"的服务宗旨，自觉做到权为民所用、利为民所谋，在自己的工作岗位上，锐意进取，扎实工作，为党的事业、国家经济建设和国税事业多做贡献。同时，要严格执行党的纪律，特别是廉政建设的有关规定，严把清正廉洁的各个关口，树立党员领导干部的良好形象。

娄　建：在超越中创造快乐，在奋进中成就事业。

诠释：

作为党的领导干部，必须树立远大的理想追求，树立一流的工作标准，始终保持奋发进取的精神状态，在创造一流的工作业绩中不断自我超越，在自我超越中实现快乐学习、快乐工作和快乐生活。同时，要把个人追求与党的事业、与国税事业有机统一起来，立足本职，扎实工作，在本职岗位上建功立业。

朱秀刚：忠诚，创新，热情，高效。

诠释：

作为一名党员干部，必须始终保持对党的忠诚，自觉践行党的宗旨，保持共产党人的觉悟和风范，高标准完成好组织交给的各项任务。实际工作中，要充分发挥好模范带头作用，进一步振奋革命精神，锐意进取，大胆创新，努力争创一流业绩，为党的事业、为国税事业多做贡献。

李建林：做人堂堂正正，办事清清白白，胸怀坦坦荡荡。

诠释：

作为一名党员干部，不管何时何地，不管遇到什么情况，必须牢记做人的原则、办事的规矩，始终保持共产党人的觉悟和风范，正确对待组织，正确对待他人，正确对待自己，始终不渝地完成好组织交给的各项任务，为国税事业多做贡献。

▶ 团队愿景和个人愿景

办 公 室

一流的标准，一流的工作，一流的业绩。

诠释：

作为高新区国税局负责内外联系沟通的业务科室，在人员较少、相应的组织机构尚未健全的情况下，既要承担组织人事、财务、纪检监察、人员培训、信息宣传等项工作，也承担着党团和共青团、工会、妇联等项建设任务，还要负责信息中心、后勤保障和人员车辆管理等大量纷繁复杂的日常工作，上对局党组、局领导及市局和高新区工委、管委十几个部门，下对六个业务科室，哪项工作、哪个环节出现失误和问题，都会直接影响高新区国税局在上级领导机关、兄弟单位和社会各界的形象。因此，必须把树立一流的工作标准、确保一流的工作质量、创造一流的业绩作为办公室人员的共同追求和目标。而要做到这一点，首先必须认真统一全科人员的思想认识，牢固树立全科一盘棋的思想，努力强化标准意识和创新意识，团结一心，奋力拼搏，圆满完成局领导和上级机关交给的各项任务，为高新区国税局的建设和发展做出应有的贡献。

孙　勇：敬业，尽职，奉献。
诠释：
立足本职、勤奋工作，做到干一行，爱一行，钻一行，精一行。团结和带领办公室全体成员，认真履行工作职责，当好领导的参谋助手，尽自己的最大努力去做好每一项工作，办好每一件事。真心待人，热心服务，讲大局，讲奉献，为国税事业发展贡献自己的一份力量。

高云美：老实，诚实，扎实。
诠释：
做人、待人、做事是人生的三大要素，也是衡量一个人成功与否的重要标志，做人是根本，待人是关键，做事是保证。因此，人生在世，要赢得别人的尊重，要成就一番事业，首要的是老老实实做人，不贪不义之财，不做非分之想，不谋非己之利，不干损人利己之事；其次，要诚实待人，宽以待人，乐于助人，尽自己所能，满腔热情地帮助朋友和同事解决工作生活中遇到的困难和问题；第三，要扎实做事，有作为才能有地位，能做事、能做好事，才能赢得领导和同志们的尊重。因此，必须把扎扎实实做好本职工作作为自己最大的责任和追求，圆满完成领导交给的各项工作任务，以一流的工作成绩赢得大家的拥护和尊重。

韩　佳：快乐工作，健康生活。
陈焕文：终身学习，勤奋工作，以诚待人，淡泊名利。
徐维民：持平常心，做有益事，在平处坐，向宽处行。
马春刚：诚实，善良，热情，文明。
邓　雯：快乐，健康，幸福。
张建军：用好一砖一瓦，建设一流工程。

高国永：全天无故障。

张　宇：为和谐国税贡献一份力量。

综合业务科

依法治税，狠抓落实，团结协调，务实创新，争创一流，和谐发展。

诠释：

依据国家税收的法律法规，认真、规范地执行上级各项工作部署，崇尚脚踏实地、创新进取、不甘落后、争创一流的工作作风，科室成员责任心强、执行力强、业绩突出，具有较强的业务水平和学习能力，每个人在团队中都能够充分施展自己的才华、发挥自己的优势，工作中始终充满着团结向上、和谐融洽的氛围，每个人置身其中都能感受到同事的关心、集体的温暖和工作的乐趣，在工作中实现和创造个人价值，在大家的共同努力下，使税收管理更加科学、规范、有序，实现税收工作的和谐发展。

共同目标：税收管理更加科学、规范、有序，实现税收工作的和谐发展。

工作作风：脚踏实地、创新进取、不甘落后、争创一流。

团队形象：团结向上、和谐融洽。

价值观：在工作中实现和创造个人价值。

刘家新：快乐学习，工作一流。

诠释：

作为科室负责人，首先要善于学习，善于采撷各种知识，不断提高自身的业务水平、工作能力以及组织协调能力，能够团结和调动科室成员的积极性，充分发挥每个人的聪明才智，形成合力，工作中事事处处以身作则，努力营造快乐学习、快乐生活、快乐工作的氛围，带领同志们干好本职工作，做出一流的工作业绩。

陈立群：扎实工作，认真学习，快乐生活。

诠释：

认真地学习业务知识，不断提高自身的业务水平，认真做好领导交给的每一项工作，和周围的同事和睦相处、团结友爱，有一个良好的工作环境、工作氛围，快乐工作，快乐生活。

张鲁清：工作上台阶，个人新发展。
张传雷：工作好，生活好，有创新，争一流。
刘海燕：快乐度过每一天，认真做好每件事。

办税服务厅

提高素质，实现价值，促进团队进步与发展。

诠释：

办税服务厅既是国税部门的"窗口"，也是税收管理"内"、"外"传递的枢纽，承担着繁杂的工作量及无所不在的服务监督的双重压力。我们把共同愿景作为带动队伍建设的基本目标，让大家通过强化学习提高自身素质，培养起对集体的归属感、使命感与成就感。把塑造团队的学习文化、培养团队的学习习惯、营造全员的学习氛围作为办税服务厅日常工作和管理的重点。通过共同愿景的建立来着重提高办税厅人员的"三项意识"，即责任意识、服务意识及自我价值实现意识。

李全文：学习强素质，和谐共发展。

诠释：

学习是我们的团队以及每个人发展第一要务，只有坚持学习才能实现自我及团队的价值。营造和谐环境和氛围是大家开心共处、同舟共济的必要条件。

邹　迎：全心全意，至诚为人。

诠释：

作为一名新时期的税务工作者，我认为要始终坚持全心全意为纳税人服务，在办税服务厅工作中，我们要经常换位思考，自觉做到爱岗敬业、文明服务，急纳税人之所急，想纳税人之所想。我们多说一句话，纳税人少跑一趟路；我们多一点微笑，纳税人少一点紧张；我们多一份解释，纳税人少一份误会；我们多一份勤快，纳税人少一份等待。

张　楠：做一名业务精通、纳税人认可的国税干部。
江　颖：做本职岗位的行家里手。
李　铭：成为一名复合型税务人才。
马树刚：从高从严，提升自我。
王　婷：不怕万事，积极进取。
齐　彦：加强业务学习，强化理论水平。
赵立萍：做一名合格的国税干部。

税源管理一科

打造政治过硬、业务熟练、作风优良、服务规范、组织信任、纳税人满意的税源管理科室。

诠释：

通过创建共同愿景，督促大家积极参加各项政治学习和廉政教育活动，使每位同志在思想上始终和党中央保持一致，增强为国聚财的使命感和责任感，始终做到廉洁自律，警钟长鸣，真正达到人人政治素质过硬。

通过创建共同愿景，树立终生学习的理念，在干中学，在学中干，通过理论到实践、实践到理论的反复磨炼，真正使每个同志都能胜任本职工作，做到业务熟练，本领过硬。

通过创建共同愿景，改变大家的心智模式，不断学习和进行思想修炼，逐步提高自身综合素质，真正从自己的内心渴望形成一种良好工作作风。

通过创建共同愿景，增强大家自觉学习、自觉干好工作的积极性，认真学习各项政策规定和行为规范，真正做到规范服务，树立国税干部的良好形象。

通过以上几个方面的努力，使我们的科室真正做到团结一心，务实高效，通过不断提高征管质量，认真完成各项工作任务，真正成为一个让组织上信任、让纳税人满意的团结高效的战斗集体。

韩卫国：业务素质过硬，程序操作简便，多层齐抓共管，改变被动局面。
徐孝法：立足国税工作，永葆军人本色。
石兆信：勤奋学习，敬业奉献。
房　鑫：加强业务学习，强化理论水平。
李　涛：以军魂铸就税魂。

税源管理二科

执法严，管理精，服务优。
诠释：
执法严，是指有法可依，有法必依，执法必严，违法必究。这是依法治税的核心内容。严格税收执法，就要深入推行税收执法责任制。

管理精，是指税源精细化管理，推进税源精细化管理就要完善税收管理员制度，推进纳税评估工作，加强税源管理，强化税收分析，建立预警监控体系。

服务优，是指创新服务方式，拓展服务渠道，为纳税人提供公开公正的执法服务、简捷高效的办税服务、准确到位的政策服务、促进经济发展的培源服务。

我们要把严格执法、精细化管理、优质服务有机地结合起来，实现经济发展、依法治税、优质服务的良性互动，构建管理服务和谐篇。

邢晓荣：认真体现水平，实干展现能力，服务优化管理。
诠释：
寸有所长，尺有所短，每个人的水平不尽一致，但每个人对工作的认真负责程度可以一致，认真加实干才能保证体现本职职责，落实到服务纳税人上，构建出依法治税的和谐新篇章。

马　昕：多学习、少应酬；多奉献、少计较；多实效、少形式。

诠释：

税务干部要有无私奉献的精神，务求实效的作风，廉洁自律的觉悟及精通业务的能力。这既是对我们的基本要求，又是我们的目标。我们要做到多学习、少应酬，多奉献、少计较，多实效、少形式，心中装着人民和税收事业，努力做一个高尚的人，一个纯粹的人，一个有道德的人，一个脱离了低级趣味的人，一个有利于人民的人。

张晓霞：以人为本，追求和谐。
孙晓梅：提高服务质量，树立国税形象。

税源管理三科

税收收入任务圆满完成，税源管理质量全面提升。

诠释：

税收收入任务是我们的重中之重，是我们一切工作的目标和出发点。整个2008年度实际上税收收入形势非常严峻，我们全科同志的愿景就是以组织收入为中心，各项工作围绕这个中心开展，全面完成全年税收收入任务。

税源管理质量上不去，就谈不上税收收入任务的全面完成，也会给我们的其他各项工作拖后腿。在这种情况下，我科也把税源管理质量作为我科的组织愿景之一。

其实，两方面是相辅相成的，要想圆满完成税收收入任务，就必须搞好税源管理，而税源管理搞好了，税收收入任务就有了保障，二者缺一不可。

庞海燕：同事间团结友爱，工作中张弛有度，整个团队积极向上。

诠释：

我喜欢一个良好的工作氛围，在这种氛围下能使大家心情愉快，大大提高工作效率，我希望我能和周围的同事和睦相处、团结友爱。我们现在的工作非常紧张，压力很大，对大家的身心健康不利，也会影响到工作，我主张工作要有张有弛，这才是长久之计。作为一个团队，必须要有积极向上的精神，我在这个团队中和大家一道，拼搏！向上！

李剑锋：扎扎实实，保持清醒，创新工作。
诠释：
人员少任务重是我们目前工作中存在的突出问题，各项工作千头万绪，困难重重。在实际工作中要发扬"老黄牛"精神，艰苦奋斗、埋头苦干、连续作战、不怕疲劳，以超常规的工作状态，雷厉风行、紧抓快干、全身心地投入到工作中去。同时，要时刻保持清醒的头脑，各项工作有条不紊、忙而不乱、紧张有序；并且要进一步加强自己的思想作风建设，构建正确的核心价值观念，清正廉洁、公正执法、恪尽职守。在认真学习、领会、掌握上级指示精神的基础上，坚决执行上级指示，对上级的要求和布置的工作，要不提条件、不找借口、目标一致、行动一致，不折不扣地落实到位，真正做到事事有回音、件件有着落，做好分内工作，创新工作亮点。

李永海：工作和谐，家庭和美。
张　颖：诚信服务，应收尽收，为国聚财。

税 源 四 科

提高稽查水平，查办大案要案，实现工作新突破。
诠释：
认真学习马列主义、毛泽东思想、邓小平理论和"三个代表"重要思想，深刻领会建设和谐社会的实质和深远意义，树立正确的世界观、人生观、价值观，以党的理论指导科内的工作实践，牢固树立为人民服务的宗旨，坚持以纳税人的满意度作为衡量工作成绩的标准。全面掌握税收业务知识，不断提高业务操作技能和依法行政、文明行政的本领，以良好的学风和较高的素质，提高服务质量，提高办案效率，保持一种奋发有为、敢为人先的精神状态。从理论创新、管理创新、技术创新、服务创新等方面入手，创出本科的工作亮点，勇于创新，大胆实践，认真总结分析稽查工作存在的问题和规律，创新稽查工作方式、方法，严厉打击涉税违法犯罪活动，不断增强稽查工作的科学性，抓住稽查工作中的重点、难点和热点问题，研究新办法、制定新规划，高质量完成党交给的稽查工作任务，开创稽查工作的新局面。

耿　伟：学习有提高，工作有突破，事业有发展。

诠释：

通过培训学习，熟练掌握马列主义、毛泽东思想、邓小平理论及"三个代表"重要思想的基本精神，为创建社会主义和谐社会打好坚实的思想基础，使个人道德修养达到一个优秀共产党员的水准。在稽查工作上达到精通税收、会计财务知识，充分掌握稽查技能，在稽查工作中，打击一个、震慑一片。在执法程序和依法办案方面达到一个较高的程度，即严格执法又兼顾纳税人的合法利益，使高新区的纳税环境有一个较大的改善。

高绪桐：凝心聚力，团结和谐，创新进步，持续发展。

诠释：

凝心聚力，团结和谐，创新进步，持续发展，不断提高稽查工作水平，形成干事创业的合力。要认真贯彻落实党中央《关于构建社会主义和谐社会若干重大问题的决定》，自觉加入和谐型机关建设，为努力把国税队伍打造成一支和谐的团队，形成团结一心、弘扬正气、充满活力、奋发向上的良好局面作出贡献。

立足本职，全面提高，突出重点，效果明显，逐步增强自身素质能力。责任出思路，责任出水平，责任出成效。要加强事业心，树立正确的世界观、人生观、价值观，珍惜岗位，珍惜环境，爱岗敬业，恪尽职守，把个人成长进步与国税事业发展紧密结合起来。

朱传刚：求真务实，锐意进取，努力学习，不断提高。

诠释：

个人愿景是个人创造力的源泉，是团队创造力的基础。重视个人愿景的建立，就是要有一个经过不断修正、完善、整合后的表达个人意愿的可行的个人愿景。求真务实，锐意进取，努力学习，不断提高。一是要树立正确的世界观、人生观、价值观，就是要身体力行和大力提倡已经形成的"三观"，要加强对"三观"的引导和培育，使之终身受益。二是立足本职，全面提高个人的综合素质，突出重点，有所作为。三是带头执行好国家的法律法令和国税系统的各项规章制度和廉政纪律为建设和谐国税多做贡献。

李晓慧： 稽查业务水平达到自己的目标，和同事相处形成大家庭的氛围。

诠释：

业务水平的进一步提高是自己梦寐以求的事情，如果能达到自己预期的目标，即能够独立快速查账更是一件令人兴奋的事情，我将不懈地努力学习，争取早日实现自己的这一目标。

有了同事们的温馨相处，有了大家庭的团结和谐，我感觉才会有工作的热情和动力，才会有不断创新的源泉。一滴水不能掀起狂风巨浪，只有放入大海才不会干涸，才能积少成多，波涛汹涌。同样，一个人再有能力，脱离了集体，都不可能成功。

牛宝一： 实实在在做人，勤勤恳恳做事，快快乐乐工作，开开心心生活。

诠释：

在社会中的每个人，都会有不同程度来自各个方面的压力，性格无法改变，但我们可以调整心态，从而改变人生，追求高品质的生活，最终目的应该是让自己活得快乐。生活中，只要拥有快乐的心情，怨气就会越来越少，心胸就会越来越开阔，就会有战胜困难的勇气和积极向上的心态，生活就会充满阳光；工作中，只要拥有快乐的心情，工作就会充满激情，我们就会更加热爱我们的本职工作，把一分一秒的时间抓牢，把一点一滴的小事做好，认真快乐地对待每一项工作。

杨红梅：脚踏实地，求真务实，干好工作，快乐生活。

诠释：

人活在世上，要有追求，有目标。人生之路就是要一步一步踏踏实实迈出走好。无论是在工作还是生活中，要树立正确的世界观、人生观、生活观，立足本职，要干一行、爱一行，创新进步，逐步提高知识水平和业务能力，全面提高自身素质。同时，在干好工作的同时，要快乐享受生活。随着信息时代的到来，人们工作的压力越来越大，这就要求我们在生活中寻找乐趣，保持心情舒畅，把工作的压力加以释放，百尺竿头，更进一步。

李　东：努力学习，认真工作，真诚生活。

徐德永：凝心聚力，坚决完成各项工作任务。

下篇 心灵空间

蜘蛛修网

一座破旧的庙里住着两只蜘蛛,一只在屋檐下,一只在佛龛上。一天,旧庙的屋顶塌掉了,它们依然在自己的地盘上编织着蛛网。没过几天,佛龛上的蜘蛛发现自己的网总是被搞破。一只小鸟飞过,一阵小风刮起,都会让它忙着修上半天。它去问屋檐下的蜘蛛:"我们的线没有区别,工作的地方也没有改变,为什么我的网总是会破,而你的却没事呢?"屋檐下的蜘蛛笑着说:"难道你没有发现头上的屋顶已经没有了吗?"(摘自互联网)

启示: 修网自然很重要,但了解网破的原因更重要。经常会看见忙碌得团团转的管理者,他们就像那只忙碌的蜘蛛一样,没有考虑过问题的根源是什么。

篓子里的螃蟹

钓过螃蟹的人或许都知道,篓子中放了一群螃蟹,不必盖上盖子,螃蟹是爬不出去的。因为只要有一只想往上爬,其他螃蟹便会纷纷攀附在它的身上,结果是把它拉下来,没有一只出得去。(摘自互联网)

启示: 组织中也应该留意与驱除所谓的"螃蟹文化"。组织里常有一些分子,不喜欢看别人的成就与杰出表现,天天想尽办法破坏与打压,如果不予驱除,久而久之,组织里只剩下一群互相牵制而毫无生命力的螃蟹。

老鹰喂食

老鹰是鸟类中最强壮的种族,根据运动学家所做的研究,这可能与老鹰的喂食习惯有关。

老鹰喂食方式并不是依平等的原则，而是哪一只小鹰抢得凶就给哪只吃。在此情况下，瘦弱的小鹰吃不到食物都死了，最凶狠的存活下来，代代相传，老鹰一族愈来愈强壮。（摘自互联网）

启示：这是一个适者生存的故事，它告诉我们，"公平"不能成为组织中的公认原则。组织若无适当的淘汰制度，常会因小仁小义而耽误了进化，在竞争的环境中将会遭到自然淘汰。

北风和南风

北风与南风比威力，看谁能把行人身上的大衣脱掉。北风首先来一个寒风凛冽，寒冷刺骨，结果行人把大衣裹得紧紧的。南风则徐徐吹动，顿时风和日丽，行人因为觉得春意上身，始而解开纽扣，继而脱掉大衣，南风获得了胜利。（摘自互联网）

启示：温暖胜过严寒。领导者在管理中运用"南风"法则，就是要尊重和关心下属，以下属为本，多点人情味，激发下属的工作积极性。

老虎的孤独

作为森林之王，老虎饱尝了管理工作中所能遇到的艰辛和痛苦。它终于承认，原来自己也有软弱的一面。它多么渴望，可以像其他动物一样，享受与朋友相处的快乐，能在犯错误时得到哥们儿的提醒和忠告。

它问猴子："你是我的朋友吗？"猴子满脸堆笑着回答："当然，我永远是您最忠实的朋友。"

"既然如此"，老虎说："为什么我每次犯错误时，都得不到你的忠告呢？"

猴子小心翼翼地说："作为您的属下，我可能对您有一种盲目的崇拜，所以看不到您的错误。"

老虎又去问狐狸。狐狸讨好地说："你那么伟大，有谁能够看出您的错误呢？"（摘自互联网）

启示：和可怜的老虎一样，许多主管也时常会体味到"高处不胜寒"的孤独。由于组织结构上的等级制度，主管与下属之间隔着一道深深的鸿沟。所有的下属对你的态度，都像对待老虎一样敬而远之。想要下属指出主管的缺点或错误，必须满足三个条件：第一，他能确信自己得到好处；第二，他要足够的勇敢；第三，作为主管的你，具有明辨是非的眼力和包容的胸怀。

被脚踩过的20美元

在一次讨论会上，一位著名的演说家没讲一句开场白。却手里高举着一张20美元的钞票。

面对会议室里的200个人，他问："谁要这20美元？"一只只手举了起来。他接着说："我打算把这20美元送给你们中的一位，但在这之前，请准许我做一件事。"他说着将钞票揉成一团。然后问："谁还要。"仍有人举起手来。

他又说："怎么样呢？"他把钞票扔到地上，又踏上一只脚，并且用脚碾它。而后他拾起钞票，钞票已变得又脏又皱。

"现在谁还要？"还是有人举起手来。

"朋友们。你们已经上了一堂很有意义的课。无论我如何对待那张钞票，你们还是想要它，因为它并没贬值，它依旧值20美元。"（董文胜）

启示：人生路上，我们会无数次被错误和逆境所击倒、嘲笑甚至碾得粉身碎骨。我们觉得自己似乎一文不值。但无论发生什么或将要发生什么，我们永远不会丧失价值。生命的价值不依赖我们的外在光环，也不仰仗我们结交的人物，而是取决于我们本身。

撒盐的水有多咸

一位年老的印度大师身边有一个总是抱怨的弟子。

有一天,他派这个弟子去买盐。

弟子回来后,大师吩咐这个不快活的年轻人抓一把盐放在一杯水中,然后喝了它。"味道如何?"大师问。"苦。"弟子龇牙咧嘴地吐了口吐沫。大师又吩咐年轻人把剩下的盐都放进附近的湖里。弟子于是把盐倒进湖里,大师说:"再尝尝湖水"。年轻人捧了一口湖水尝了尝。大师问道:"什么味道?""很新鲜。"弟子答道。"你尝到咸味了吗?"大师问。"没有。"年轻人答道。这时大师对弟子说道:"生命中的痛苦就像是盐,不多,也不少。"(董文胜)

启示:与其说我们在职场中受挫带来的痛苦大,不如说我们内心的承受空间小。挫折是客观的,但我们体验到的痛苦,却取决于我们将它盛放在多大的容器中。所以,当你处于痛苦时你只需开阔你的胸怀。

国王与宰相

一个国王与宰相在商议事情。适逢天下大雨,国王问:"宰相啊,你说下雨是好事,还是坏事啊?"

宰相说:"好事!陛下正好可微服私访。"又有一天,天下大旱,国王又问:"宰相啊!你说大旱是好事,还是坏事啊?"宰相说:"好事!陛下正好可微服私访。"又有一天,国王吃水果时不小心切掉了小拇指,又问:"宰相啊!你说这又是好事,还是坏事啊?"宰相说:"好事!"立时,国王大怒,将宰相关入地牢,自己独自去打猎了。结果不想误入土人陷阱被捉，好在因为不是全人（缺手指），免去被吃掉的厄运。这时，死里逃生的国王才回想起宰相的好，赶紧回宫将宰相从地牢里放出来，又问宰相："我把你关在地牢里好不好啊？"宰相又答："好！好极了！要不是陛下将微臣关在地牢，微臣恐怕就陪陛下打猎被捉，被土人吃掉了！"（董文胜）

启示：人生要有平常心，凡事有利必有弊。要善于从积极的角度去考虑问题，乐观地处世。当周边环境发生变化时，我们要明白：每件事的发生必有多方面的影响。而其中，必有利于我之处。

买单"尊老"的回报

有两个中国留美学生田苏宁、丁健创立的亚信科技，其创业资金来自于被誉为"天使投资人"的爱国华商刘耀伦的50万美元投资。

两个没有背景的学生，是怎么得到刘耀伦信任的呢？

刘耀伦是美国得克萨斯州有名的"民间外交家"，热心于为中美经贸合作牵线搭桥。在一个国内访美代表团的接待活动中，刘耀伦结识了田苏宁和丁健。就是在这次活动中，一天在饭店用完餐后，这两位刚刚毕业的穷留学生争着"为长者买单"。刘耀伦被两个年轻人的"尊老意识"所感动，开始对他们产生了好感，很快这种好感就变成了信任，他没经过什么犹豫就把自己投资生涯中唯一的一次"非房地产项目资金"投给了他们，并担任亚信公司董事长长达10年之久。一个小小的举动，造就了今天的亚信。

启示：人的命运可能因一些细微的小事而改变，企业的命运也不例外。在每一时每一事都尽量做好，努力总会有回报。

18岁女孩给富豪讲课

1997年3月，年仅18岁的李天田所在的公司正好与希望集团有一次合作，希望集团总裁刘永好邀请她们去成都。早就对李天田有所耳闻，见面后刘永好突然对她说：听说你讲课不错，明天你给我们公司的高层讲一次吧！刘永好还郑重地安排了集团内30多个总经理级的高级管理人员听北京来的"营销专家"——18岁的李天田讲课。"我当时听到这话的第一感觉就是我得立即买机票飞回北京，我哪有本事给高层讲课。"李天田说。但李天田最终还是没有飞回去，因为不能没有集体的荣誉感。回忆那次讲课，李天田说："虽然我为讲课使出了浑身的解数，但是这其实不是讲课，只是我当时记忆力好，把我听过的别人讲课的内容记下来了，鹦鹉学舌般地给他们说了一遍。"讲课的当天刘永好正好有事飞往北京了，等他晚上飞回成都以后，对李天田说："听说你今天讲得不错，我没听着，你给我补一补吧！"说着就坐在她的对面，拿着本边听边记起来。这一讲刘永好就和她成了忘年交，她也成了希望集团的高级顾问。

而在一年前，高中毕业的李天田加入北京金锣文化公司时，因为既没有学历又没有工作经验，她能争取的工作还只能是接电话、订盒饭，每月拿180块钱。但在李天田看来每天都有新变化，都有新的机会。做了半年多的办公室小妹，她就抓到了一个绝好的机会。这个机会让她从此"跳"了出来，获得了成长空间。

1997年春天，李天田所在的公司与中华职工教育社合作，招收一批下岗女工直销客户公司的产品。为了让下岗女工做好工作，需要安排一些培训，但什么是培训？怎么做培训？没人知道。公司十几个同事各有各的负责项目，问谁接这个工作，没人吱声，李天田却举起了手："让我试试。"老总竟然答应了。

为了这个培训，她忙了一个月，把所有能用的资源通通用上了。当时，培训机构很少，最火的培训就是传销培训，为了了解培训到底该怎么做，天田办了几家营销人员的卡，到各种各样培训课上去听，但让她受益最大的是安利公司的培训过程，它让天田了解到了培训的"标准"是什么样子。她大约又用了一个多月的时间买书、看书，搜集了大量的信息，最后终于编成一本培训资料。

对于培训，"写"只是一部分，还要能"讲"出来。她不断地学习，为了了解自己的演讲效果，逢同事，她便请人吃饭，以便能听她讲课,直到公司里的哥哥姐姐见到她就"恶心"了才罢休。

李天田用这套培训资料做了十几批下岗人员的培训,培训内容不是讲如何去赚钱,而是讲怎样激励自己,建立自信。培训对象中很多人从来也没有听过这种培训,很受感动,有的听过培训后,甚至是泪流满面。

也正是因为有了这段培训经历,也由于机遇,李天田才获得了给刘永好"讲课"的机会。

如今,依然年轻的"女孩儿"李天田已是仁存慧特智业公司董事长了。(田耘)

启示:看似偶然的事其实也是必然,机遇总是偏爱有准备的人。但这个准备,却不必是彰显于市的技能与常识、而恰恰是心态。只有内心不怕失败的人,才能抓住那看似痴人说梦的机会。

一份记载失败的成功者简历

这是一位文人的简历。

22岁,生意失败;23岁,竞选州议员失败;24岁,生意又一次失败;25岁,当选州议员;27岁,精神崩溃;29岁,竞选议员失败;31岁,竞选选举人失败;34岁,竞选参议员失败;37岁,当选国会议员;39岁,国会议员连任失败;46岁,竞选参议员失败;47岁,竞选副总统失败;49岁,竞选参议员两次失败;51岁,当选美国总统。

他就是美国总统林肯。可以看出,在林肯的一生中,失败占了大多数,但最终他却成为美国历史上最伟大的总统之一。(董文胜)

启示:任何人的一生都充满了坎坷与机遇。成功的关键在于你是否能越过坎坷,抓住机遇。而我们能否跨越必然经历的失败就在于我们能否从心态上把失败当做我们奋斗的过程。只有这样,我们才能从失败走向成功。

心灵灯塔

帝王蛾破茧

在蛾子的世界里，有一种双翼长达几十厘米的蛾子，名叫"帝王蛾"。这种蛾子的幼虫时期在一个洞口极其狭小的茧中度过。当它要变蛾时，娇嫩的身躯必须拼尽全力才可以破茧而出。如果有成年蛾子怀了恻隐之心，想帮幼虫把洞口撕大，幼虫则会极力阻挠。原来那狭小的茧洞，恰是帮助帝王蛾两翼成长的关键所在：穿越的时刻，通过用力挤压，血液才能顺利送到蛾翼；唯有两翼充血，蛾子才能振翅飞翔！那些不是奋勇破茧而出者，终生只得爬行。

勇者才能飞翔！"帝王蛾"之所以成其为"帝王蛾"，缘自它们幼虫时就有一颗勇敢的心。（田耘）

启示：困难，是人们都畏惧的；而能力，是人们都向往的。但很多人却意识不到：能力，只有在对困难的克服当中，才能练就。这种盲点就好比：人们都喜欢升天堂，却没有人想死。

妈妈的鼓舞

在几十年前，一家挪威人十分贫穷，生活捉襟见肘。作为这家主人，作为孩子妈妈，为了让全家人不在郁闷中过日子，妈妈则编造了一个善良的谎言："妈妈在银行里存款500英镑，这是个很大的数目。"但妈妈一再和孩子说：不是家庭特别困难，万万不能提用。不久，他们的妈妈去世了，这群孩子每遇到困难，都要聚拢在一起商量，是否到银行提取妈妈的存款，但每次大家都想出许多克服困难的办法渡过了难关。后来，孩子们都有了工作，也都有钱了。当他们好奇地想从箱子里取出妈妈的存折时，才发现妈妈的箱子里没有存折，只有一封信。信上说："我相信你们都是好孩子，你们有百折不挠、克服困难的精神，这500英镑你们永远也用不着了。"（抑扬）

启示：作为领导者，就是要告诉你的追随者："目标有了，具体怎么干，你们去想办法，不在万不得已时不要找我。只有万不得已时，我才告诉你们怎么办。"这句话就能鼓舞下级努力克服困难，锻炼了自己又完成了任务。在很多情况下领导可以超脱，下属可以成才，一举两得。

名歌手与名记者的意外诞生

人的一生中总是难免遇到改变自己人生的诸多意外。有这样两个人为这种意外进行了很好的诠释：一个是美国的王牌歌手惠特尼·休斯敦，另一个是世界上著名的女记者克里斯蒂安娜·阿曼波尔。

十来岁的时候，惠特尼·休斯敦在她母亲——20世纪60年代美国"甜美灵感"乐队创始人的密切关注下，培养出了良好的歌唱才能。休斯敦17岁那年，一次她正在为当晚与她母亲同台演出的演唱会做准备时，突然接到了她母亲打来的声音嘶哑的电话："我的嗓子坏了！不能演唱了！"听过母亲的话后，休斯敦很着急地说："我总不能一个人上台去唱啊！"她的母亲却对她说："你完全能够一个人唱，因为你很棒！"于是，休斯敦因为她母亲的这次意外得病，而第一次独自走上了舞台。

休斯敦一唱成名，而成了美国的王牌歌手。

克里斯蒂安娜·阿曼波尔的姐姐报名参加了一个新闻培训班，可是才两个月的时间她就再也不想去接触新闻了。阿曼波尔觉得姐姐这样是一种浪费，便独自一人跑到学校去，试图讨回姐姐所交的那些学费，可是校方不肯退还学费。阿曼波尔心想：交了学费却不去学习，太不划算了。于是，她便代替姐姐去上了这个新闻培训班。

最终，阿曼波尔成了世界著名的女记者。阿曼波尔对决定自己人生道路的这个意外是这样解释的："说起来这就像一次盲目的约会演变成了一场真正的恋爱。"的确，休斯敦和阿曼波尔的成功都是一次意外促

成的，如果没有了那次意外，也许美国就此少了一个王牌歌手，这个世界就此少了一个著名的女记者。（田耕）

启示： 人们常说：假如有来生，让我再重新选择一次的话，我将如何如何，言下颇多惋惜、不忿之意。其实，在我们寻找机遇的时候，也许它就在你的身边。你之所以没有发现它，是因为我们其实常常缺乏抓住机遇的勇气。

耳聋的青蛙

有一次，一群青蛙比赛爬上一座高塔。

许多人聚集在高塔周围观看。他们不相信参赛的青蛙能登上塔顶，于是大声喊："别费劲啦！你们这些青蛙是不可能到达终点的！"

听到这些话，一些青蛙开始退出比赛。但有一些青蛙还在坚持，向塔顶前进。

观众们继续在喊："别费劲啦！你们不会成功的！"

随后不久，青蛙们陆续放慢脚步，放弃了比赛。此时只剩下一只青蛙还在默默地向上爬，而且越爬越有劲。

接近终点的塔顶了，那只青蛙用尽全力终于登上了塔顶。此时塔下所有人齐声欢呼，歌颂这位青蛙英雄。

人们好奇地想知道这只青蛙是如何坚持下来的。于是对它进行专访，此时人们发现原来这只青蛙是个"聋子"！（吴名）

启示： 切记，无论什么时候只有自己才是自己的主人，永远不要让别人的悲观情绪毁掉你心中最美好的希望。如果有人说你无法实现自己的梦想，那么就"装聋作哑"吧。

心中无鱼而得鱼

有位年轻人在岸边钓鱼，旁边坐着一位老人，也在钓鱼。二人坐得很近。奇怪的是，老人家不停地有鱼上钩，而年轻人一整天都未有收获，他终于沉不住气，问老人："我们两人的钓饵相同，地方一样，为何你轻易钓到鱼，而我却一无所获？"

老人从容回答道："我钓鱼的时候，只知道有我，不知道有鱼；我不但手不动，眼不眨，连心也似乎静得没有跳动，令鱼也不知道我的存在。所以，它们咬我的鱼饵。而你只想着鱼吃你的饵没有，连眼也不眨地盯着鱼，见有鱼上钩，就心生急躁，烦乱不安，鱼不被你吓跑才怪呢，又怎么可能钓到鱼呢？"（范庆桦）

启示：如果我们总是将注意力放在事情的结果上，通常我们都会一事无成。对于一个人，表现自己的动机过于强烈，往往招人猜忌，追求利润的动机过于强烈，往往行为短视而早亡。

上帝的公平独白

汤姆是一名孤儿。这年的圣诞节，他在美国加州的一所孤儿院给上帝写了一封信：

上帝：

您好！您知道我是一个听话的孩子。可是，您昨天送给哈里一个爸爸、一个妈妈，却连一个姨妈都不送给我，这太不公平了。

汤姆

这封写着"上帝亲启"的信最后被转到神学博士摩罗·邦尼先生那儿，他是《基督教科学箴言报》专门负责替上帝回信的特约编辑。他看了汤姆的信后马上就明白了，哈里被人领养了，而汤姆没有，他还依旧被留在孤儿院。

如何答复汤姆呢？摩罗·邦尼博士知道，最直截了当的办法，就是找一家愿意领养孩子的人家，然后秘密地办理领养手续，待一切办好之后，给汤姆回信说：汤姆，我的孩子！我真有点儿疏忽大意了，像你这样好的孩子是不该没有爸爸妈妈的。明天我一定给你送去。

心灵灯塔

对于一个孤儿，上帝真的会这样答复吗？摩罗·邦尼博士心里非常矛盾。他想，对于一个从小失去依靠的孩子，要想让他知道上帝是公平的，绝不能用这种办法。经过深思熟虑，他决定给汤姆回这么一封信：

亲爱的汤姆：

我不期望你现在就读懂这封信。不过我还是想现在就告诉你，上帝永远是公平的。假如你认为我没有送给你爸爸妈妈就是我的不公，这实在让我感到遗憾。我想告诉你，我的公平在于免费地向人类供应三样东西：生命、信念和目标。

你知道吗？你们每个人的生命都是免费得到的。到目前为止，我没让任何人在生前为他的生命支付过一分钱。信念和目标与生命一样，也是我免费提供给你们的，不论你生活在人间的哪一个角落，不论你是王子还是贫儿，只要想拥有它们，我都随时让你们据为己有。

孩子，让生命、信念和目标成为免费的东西，这就是我留在人间的公平所在，也是我作为上帝的最大智慧。但愿有一天你能理解。

您的上帝

这封信后来被刊登在《基督教科学箴言报》上，成为"上帝"最著名的公平独白，同时也使很多人第一次真正地认识了"上帝"。（摘自互联网）

启示： 宗教之所以成为人类的精神支柱，能激发它的信徒和追随者们百折不挠，顽强奋斗，因为它在价值取向上是一盏明灯。万通董事局主席冯仑就说过这样的话：人一旦确信自己，看清了未来通往"天堂"的全部路径后，他就会拥有无穷的动力和宽广的胸怀，包容一切痛苦，忍受过程的煎熬。生命、信念、目标，也使成功人士的内心世界更多地体会到了这三者。

一夜解开千年难题

1976年的一天，德国哥廷根大学，一个19岁的青年吃完晚饭，开始做导师单独布置给他每天例行的3道数学题。

青年很有数学天赋，因此，导师对他寄予厚望，每天给他布置较难的数学题作为训练。正常情况下，青年总是在两个小时内完成这项特殊作业。

像往常一样，前两道题目在两个小时内顺利地完成了。第三道题写在一张小纸条上，是要求只用圆规和一把没有刻度的直尺做出正17边形。青年没有在意，像做前两道题一样开始做起来。然而，做着做着，青年感到越来越吃力。开始，他还想，也许导师见我每天的题目都做得很顺利，这次特意给我增加难度吧。但是，随着时间一分一秒地过去了，第三道题竟毫无进展。青年绞尽脑汁，也想不出现有的数学知识对解开这道题有什么帮助。

困难激起了青年的斗志：我一定要把它做出来！他拿起圆规和直尺，在纸上画着，尝试着用一些超常规的思路去解这道题。

当窗口露出一丝曙光时，青年长舒了一口气，他终于做出了这道难题！见到导师时，青年感到有些内疚和自责。他对导师说："您给我布置的第三道题我做了整整一个通宵，我辜负了您对我的栽培……"

导师接过青年的作业一看，当即惊呆了。他用颤抖的声音对青年说："这真是你自己做出来的？"青年有些疑惑地看着激动不已的导师，回答道："当然。但是，我很笨，竟然花了整整一个通宵才做出来。"导师请青年坐下，取出圆规和直尺，在书桌上铺开纸，叫青年当着他的面做一个正17边形。

青年很快做出了一个正17边形。导师激动地对青年说："你知不知道，你解开了一道有两千多年历史的数学悬案？阿基米德没有解出来，牛顿也没有解出来，你竟然一个晚上就解出来了！你真是天才！我最近正在研究这道难题，昨天给你布置题目时，不小心把写有这个题目的小纸条夹在了给你的题目里。"

这个青年就是数学王子高斯。（江玲，《心灵降落伞》，载《青年文摘·人物版》）

启示：有些事情，在不清楚它到底有多难时，我们往往能够做得更好，这就是人们常说的无知者无畏。

舍弃荣耀

去年是美国耶鲁大学500周年校庆，全球第二大软件公司"甲骨文"的行政总裁、世界第四富豪艾里森应邀参加典礼。艾里森当着耶鲁大学校长、教师、校友、毕业生的面,说出一番惊世骇俗的言论。他说:"所有哈佛大学、耶鲁大学等名校的师生都自以为是成功者,其实你们全都是 loser(失败者),因为你们以在有过比尔·盖茨等优秀学生的大学念书为荣。但比尔·盖茨却并不以在哈佛读过书为荣。"

听众目瞪口呆。至今为止,像哈佛、耶鲁这样的名校从来就是令几乎所有人敬畏和神往的,艾里森居然敢把这些骄傲的名校师生称为 loser。但是还没完,艾里森接着说:"众多最优秀的人才非但不以哈佛、耶鲁为荣,而且常常坚决地舍弃那种荣耀。世界第一富豪比尔·盖茨,中途从哈佛退学;世界第二富豪保罗·艾伦,根本就没上过大学;世界第四富豪,就是我艾里森,被耶鲁大学开除;世界第八富豪戴尔,只读过一年大学;微软总裁斯蒂夫·鲍尔默在财富榜上大概排在十名开外,他与比尔·盖茨是同学,为什么成就差一点呢?因为他是读了一年研究生后才恋恋不舍地退学的……"

艾里森接着"安慰"那些自尊心受到一点伤害的耶鲁毕业生,他说:"不过在座的各位也不要太难过,你们还是很有希望的,你们的希望就是,经过这么多年的努力学习,终于赢得了为我们这些人(退学者、未读大学者、被开除者)打工的机会。"

艾里森的话当然偏激,但并非全无道理。几乎所有的人,包括我们自己,经常会有一种强烈的"身份荣耀感"。我们以出生于一个良好家庭为荣,以进入一所名牌大学为荣,以有机会在国际大公司工作为荣。不能说这种荣耀感是不正当的,但如果过分迷恋这种仅仅是因为身份带给你的荣耀,那么人生的境界就不可能太高,事业的格局就不可能太大,当我们陶醉于自己的所谓"成功"时,我们已经被真正的成功者看成了 loser。真正的成功者能令一个家庭、一所母校、一家公司、一个省份、一个国家甚至整个人类以他为荣。(吴志翔,《心灵降落伞》,载《青年文摘·人物版》)

启示:人生是被一个又一个亮点照亮的,而为了创造新的亮点,你可能需要随时忘记你正在拥有或曾经拥有过的"光环"。

从罗丹得到的启示

有一次,在比利时名作家魏尔哈仑家里,一位年长的画家慨叹着雕塑美术的衰落。我年轻而好饶舌,激烈地反对他的意见。"就在这城里",我说,"不是住着一个与米开朗基罗媲美的雕刻家吗?罗丹的《沉思者》、《巴尔扎克》,不是同他用以雕塑他们的大理石一样永垂不朽吗?"当我倾吐完了的时候,魏尔哈仑高兴地指指我的背,"我明天要去看罗丹"。他说:"来,一块儿去吧。凡是像你这样赞美他的人都该去会他。"我充满了喜悦,但第二天魏尔哈仑把我带到雕刻家那里的时候,我一句话也说不出。在老朋友畅谈之际,我觉得我似乎是一个多余的不速之客。

但是,最伟大的人是最亲切的。我们告别时,罗丹转向我:"我想你也许愿意看看我的雕刻。"

在罗丹朴素的别墅里,我们在一张小桌前坐下吃便饭。不久,他温和的眼里发出的激励的凝视,他本身的淳朴,宽释了我的不安。

在他的工作室,有着大窗户和简朴的屋子,有完成的雕像,许许多多小塑样——一只手,有的只是一个手指或者指节;他已动工而搁下的雕像、堆着草图的桌子,这是他一生不断追求与劳作的地方。

罗丹穿上了粗布工作衫,因而好像变成了一个工人。他在一个台架前停下。

"这是我的近作。"他说。他把湿布揭开,现出一座女正身像。以黏土美好地塑成的。"这已完工了",我想。

他退后一步,仔细看着,这身材魁梧、宽肩、白髯的老人。

但是在审视片刻之后,他低语着:"就在这肩上线条还是太粗,对不起……"

他拿起刮刀、木刀片轻轻滑过软和的黏土,给肌肉一种更柔美的光泽。他健壮的手动起来了,他的眼睛闪耀着。"还有那里……还有那里……"他又修改了一下,他走回去。他把台架转过来,含糊地吐着奇异的喉音。时而,他的眼睛高兴得发亮;时而,他的眉又苦恼地蹙着。他捏好小块的黏土,粘在塑像身上,刮开一些。

这样过了半点钟,一点钟……他没有再向我说过一句话。他忘掉了一切,除了他要创造的崇高的形体的意象。他专注于他的工作,犹如在创世的太初的上帝。

最后,带着舒叹,他扔下刮刀,像一个男子把披肩披到情人肩上那种温存关怀般地用湿布蒙住女正身像。于是,他转身要走,这位身材魁梧的老人。

在他快走到门口之前,他看见了我。他凝视着,就在这时他才记起,他显然对他的失礼而惊惶。"对不起,先生,我完全把你忘记了,可是你知道……"我握着他的手,感激地紧握着。也许他已领悟我所感受到的,因为在我们走出屋子时他微笑了,用手扶着我的肩头。

那天下午,我学得比在学校所有的时间学得都多。从此,我知道凡人的工作必须怎样做,假如那是好而又值得的。

再没有什么像亲见一个人全然忘记时间、地方与世界那样使我感动。那时,我参悟到一切艺术与作业的奥妙——专心,完成或大或小的事情的全力集中,把易于弥散的意志贯注在一件事情上的本领。(斯·茨威格,《心灵降落伞》,载《青年文摘·人物版》)

启示: 我们在工作中所缺少的是什么?是能使人除了追求完整的意志而把一切都忘掉的热忱。一定要能够把自己完全沉浸在工作里,除此之外,没有别的秘诀。

生命的力量

1999年7月25日,美国洛杉矶市。一名持枪劫银行的劫犯被赶到的警察包围了。仓皇出逃的一瞬,劫犯本能地从人群中抓过一人充当人质。不料,他用枪指着的这名人质竟是一名孕妇,而且,由于受到惊吓的缘故,孕妇开始了痛苦的呻吟。

在场的人连同劫犯本人几乎同时发现，孕妇的衣裤正一点一点地被鲜血染红。突然，歹徒不再叫嚣，而是用一种温和的目光打量这位头被枪顶着的人质。

四处散开的警察开始紧张起来，他们不知劫犯将要干什么。就在警察们想进一步采取措施时，劫犯却出人意料地把枪扔在地上，而后缓缓举起双手。警察一拥而上。

就在警察押着劫犯准备离开时，孕妇却坚持不住了。这时，只听束手就擒的劫犯说："等等好吗？我是医生，只有我能帮助她。"怕警察不信，他又补充说："她随时都有生命危险，根本无法坚持到医院。"

警察破天荒地松开了手铐。

不多久，一声洪亮的啼哭声响彻大厅，人们情不自禁地欢呼雀跃起来，不少人竟因此感动得突然间热泪盈眶。

劫犯事后告诉警察，是那个即将出世的小生命征服了他。他当时便想，"生命于每个人而言只有一次，我有什么权利剥夺他人最为珍贵的东西呢？"

征服歹徒不是靠警察黑洞洞的枪口，而是凭借着幼小的生命的力量。

我有位朋友，突然间查出患了癌症。当他最终明白生命于他只以小时计算时，他才由衷地感到生命对于他的重要。一种求生的本能终于让他拿出令他自己也吃惊的勇气。他不再自暴自弃，每每唱着歌接受化疗。

奇迹出现了，他不仅在医生宣判"死刑"后还活了整整20年，而且，他至今仍好好地活着。（刘秀水，《心灵降落伞》，载《青年文摘·人物版》）

启示：其实，查阅人类的辞典，生命的力量不仅仅是能征服歹徒，在许多时候，生命的力量简直就是所向披靡。战胜病魔，与其说是医学的奇迹，还不如说是生命力量创造的神话。

感谢那只手

曾看到这样一则小故事：感恩节的前夕，美国芝加哥的一家报社向

心灵灯塔

一位小学女教师约稿，希望得到一些家境贫寒的孩子画的图画，图画的内容是他想感谢的东西。

孩子们高兴地在白纸上画起来，女教师猜想这些贫民区的孩子们想要感谢的东西很少，可能大多数孩子会画餐桌上的火鸡或冰淇淋等。

当小道格拉斯交上他的画时，她吃了一惊：他画的是一只手！

这是谁的手？这个抽象的发现使她迷惑不解。孩子们也纷纷猜测，这个说："这准是上帝的手。"那个说："是农夫的手，因为农夫喂养了火鸡。"

女教师走近小道格拉斯——这个皮肤棕黑、又瘦又小、头发卷曲的孩子面前，低声问他："能告诉我你画的是谁的手吗？"

"这是你的手，老师。"孩子小声答道。

她这才想起，在放学后，她常常拉着孩子们黏糊糊的小手，送他们走一段路。小道格拉斯的家很穷，他破旧的衣服总是脏兮兮的。老师这只手对小道格拉斯有着非凡的意义，他要感谢这只手。（佚名，《心灵降落伞》，载《青年文摘·人物版》）

启示：我们每个人一生中都有要感谢的东西，其中不仅有物质上的给予，也包括精神上的支持，比如得到了自信和机会。对很多给予者来说，也许这种给予是微不足道的，可它的作用却常常难以估量。

它到底值多少钱

那天，全国奇石巡回展到了大连。我与单位的许多人都去了，其中的一块奇石格外引人注目。这块鬼斧神工的石头是圆形、白色的，简直像中秋皎洁的明月，更不可思议的是明月中间竟有一个行书的"寿"字！其颜色同纯正的墨色一样，字迹清晰、苍劲。这神奇的造化之功，实在是令人惊叹、称绝！

我问解说员："这块奇石是怎么发现的？"

解说员说："是这位禅师捐赠的，起名为'月寿石'。"接着，绘声绘色地讲了下面这个故事。

捐献"月寿石"的这位禅师很有学问，很有名气，经常有人向他求教。一天，有一位青年问这位禅师："大师，同我一起获得了博士学位的同学，自身条件都比较接近，可走向社会之后才短短几年，大家的工作和待遇的差别已经拉得很大了。这是为什么？怎样才能使自己的人生价值得到最大化的实现呢？"

　　禅师为了启发这个年轻人，便把这块"月寿石"交给他，让他去蔬菜市场，试着卖掉它，并特别叮嘱："不要真的卖掉它。注意观察，多问一些人，然后告诉我在蔬菜市场它能卖多少钱就行了。"

　　年轻人到蔬菜市场去了。许多人认为它只值几十块钱。年轻人回来后说："它最多只能卖到几十块钱。"

　　禅师说："明天你去黄金市场，问问那里的人。但也不要真的卖。"

　　年轻人从黄金市场回来后，高兴地说："有人乐意出3000块钱。"

　　禅师说："你有时间再去珠宝商那里问问看……"

　　年轻人去了，他简直不敢相信自己的耳朵，珠宝商开口居然乐意出5万块钱。年轻人故意抬高价格，珠宝商们出到10万。年轻人坚持不卖，珠宝商们着急地说："我们出20万、30万，或者你要多少就给多少，只要你卖！"

　　年轻人说："我不卖，只是先问问价钱，待主人同意后再说。"

　　回来后，禅师拿着"月寿石"说："我根本就不打算卖掉它，只是想让你明白：同样的一块'月寿石'，在不同的地方就有不同的价值；你给自己定位在哪里，你的价值就在哪里。关键是善于经营自己的长处。"

　　年轻人听后，心领神会，豁然开朗，发自内心地笑了。

　　真是一个让人浮想联翩的故事。在从奇石展览馆回家的路上，想起了以前在刊物上读过的一篇短文。

　　有一位青年向一位禅师求教："大师，有人称赞我是天才，将来必有一番作为；也有人骂我是笨蛋，一辈子不会有多大出息。依您看呢？"

　　"你是如何看待自己的？"禅师反问。

　　这位青年摇摇头，一脸茫然。

　　"譬如同样一斤米，用不同眼光去看，它的价值也就迥然不同。在炊妇眼中，它只不过能做三五碗米饭而已；在农民看来，它最多值1元钱罢了；在味精厂家眼中，提炼出味精，说不定可卖 8 元钱；在制酒商看来，酿成酒，勾兑后，也许可卖 40 元钱。不过，一斤米终归还是那一斤米。"（蒋光宇，《心灵降落伞》，载《青年文摘·人物版》）

启示：同样一个人，有人将你抬得很高，有人把你贬得很低，其实，你就是你。你究竟有多大出息，究竟有多少价值，归根到底取决于你自己。

一美元小费

在一个既脏又乱的候车室里，靠门的座位上坐着一个满脸疲惫的老人，身上的尘土及鞋子上的污泥表明他走了很多的路。列车进站，开始检票了，老人不急不忙地站起来，准备往检票口走。忽然，候车室外走来一位胖太太，她提着一个很大的箱子，显然也是赶这班列车，可箱子太重，累得她呼呼直喘。胖太太看到了那个老人，冲他大喊："喂，老头，你给我提一下箱子，我一会儿给你小费。"那个老人想都没想，拎过箱子就和胖太太朝检票口走去。

他们刚刚检票上车，火车启动了。胖太太抹了一把汗，庆幸地说："还真多亏你，不然我非误车不可。"说着，她掏出一美元递给那个老人，老人微笑地接过。这时，列车长走了过来："洛克菲勒先生，你好，欢迎乘坐本次列车，请问我能为你做点什么吗？"

"谢谢，不用了，我只是刚刚做了一个为期三天的徒步旅行，现在我要回纽约总部。"老人客气地回答。

"什么，洛克菲勒！"胖太太惊叫起来，"上帝，我竟让著名的石油大王洛克菲勒先生给我提箱子，居然还给了他一美元小费，我这是在干什么啊！"她忙向洛克菲勒道歉，并诚惶诚恐地请洛克菲勒把那一美元小费退给她。

"太太，你不必道歉，你根本也没有做错什么。"洛克菲勒微笑地说道："这一美元，是我挣的，所以我收下了。"说着，洛克菲勒把这一美元郑重地放在了口袋里。（杨车杰，《心灵降落伞》，载《青年文摘·人物

版》）

启示：真正的大人物，是那种身在高位仍然懂得如何去做平常人的人，真正的大人物，从来都是和平常人站在一起的人。

刘先生的测验题

读中专的时候，教《思想品德》的刘先生最受班上的同学欢迎，因为他不搞考试，而是以一两篇论文定总评成绩。刘先生的课生动有趣，他喜欢用名人故事、凡人琐事来诠释深刻的思想命题，图解深奥的品德规范。他还巧妙地利用课堂机会，讲解一些做人的道理和处世方式，这对于马上面临毕业，即将踏入社会的学生来说，无疑是最重要的涉世铺路石。

最后一堂课，刘先生一改往日的做派，不再要求写思想、时评论文，而是进行了一场别开生面的书面测验。

测验开始了，刘先生面带微笑将试卷发到每一位学生手中。试卷上的题是这样的：

思想品德测验题（限时五分钟）

1. 请认真读完试卷；
2. 请在试卷右上角写上姓名、学号和班级；
3. 请写出五位政治课教师的姓名；
4. 请写出五条政治标语；
5. 请写出五个全国劳模；
6. 请写出五个法定节日名称；
7. 请写出五位外国政治家；
8. 请写出五个首都城市名称；
9. 请写出五本中国古典名著；
10. 请写出五本外国文学名著；
……

49. 请写出五件你难忘的事情；

50. 请写出你的五件珍贵礼物。

大家拿到试卷，匆匆扫了一眼，一个个都瞪大了眼睛。这种题目对我们来说，还是头一回见到，虽说答案随便，但题量大，时间紧，还真不好作答。有些同学看杂志看多了，觉得这题目有点似曾相识，便埋头细想杂志上是怎么说的。原来，某杂志有篇文章，说是一家公司招人出了一道跟这几乎一模一样的题目，而它最后一题要求只需做第二道题，即写上自己的姓名等。他们回想起来了，感到非常兴奋，翻过来倒过去地看，却没有一句提示只答第二道题的话，不禁有点糊涂了。

时间一分一秒地过去，有人窃窃私语：只要写上自己的姓名、学号和班级就行了。离限定的五分钟近了，有人起身交卷，教室一阵骚动。有的写了不少答案，这会儿，却一笔一画将做的答案涂掉，只保留第二道题的答案。

试卷交出来，全班的答案如出一辙，只写了第二道题，其余只字不动，动了的也一一涂掉。

刘先生收完卷子，临走的时候，对大家说："我知道有不少同学看了杂志上的那一篇文章，所以大家的卷子就答成一样，像是一个模子里套出来的。这反映出，你们听信他人，没有自己的主见；明知我的试题与他们的不一样，还是牵强附会地学他们，又说明少部分人不自信、不老实。到今天为止，你们的政治课算结束了，没有人再会像教师那样给你们讲政治课了。"（陈志宏，《心灵降落伞》，载《青年文摘·人物版》）

启示：刘老师想告诉我们，人步入社会以后，一要有自己的主见，二要老老实实做人。尽管做到这两点会有困难，但一定要努力。因为只有这样你才能获得事业、生活赐予你物质馈赠和心灵上的宁静，那就是人们一生要追求的成功和幸福。

人生更短的东西

10岁那年，我从牛背上摔了下来，落下了脚跛的后遗症。我不再和同学们一起玩耍，我怕看他们的目光，更怕他们在我背后交头接耳、嘻嘻哈哈。我用自己的冷漠和孤独去对抗他们的热情、友情或嘲笑。

直到上了初中一年级，我仍没有任何朋友，也很少和同学、老师说话，每天都静静地待在教室最后面的一个角落里发呆。

后半学期，一位姓邱的老头当了我们的班主任。一天下午放学后，他叫住正要走出教室的我。"可以到我的办公室做客吗？"邱老师的脸上布满了真诚和慈祥。那一刻，我的泪水流了下来。自从上学起，还没有哪位老师对我这样微笑过，不含怜悯，没有嘲笑。

邱老师让我坐下，他用粉笔在地上画了一条直线。"你能用什么方法使它变短。"

我笑了，这有什么难的。我用手指在直线上抹了一下："这不就短了吗！"

我又用手指狠狠地在一节线段上抹了一下："老师，它更短了。"

"还有其他方法吗？"我摇了摇头。"你看，"邱老师拿起粉笔在三节线段的旁边又画了一条更长的直线，"它们是不是更短了一些。"邱老师指着两条线说。

我点了点头，诧异地望着他，我不知道今天这老头葫芦里卖的什么药。"刚才的短线好比人的短处，长线呢，就好比人的长处。你只在短线上抹了几下，表面上，它变短了，可事实上它还继续存在，就像人的短处，无论怎样掩饰、分割，它仍是你的短处。人生有些事情不能轻易改变，但改变另外一些东西，就容易多了。"邱老师说着，又在线段的旁边画了一条更长的线，"你看，人的长处越来越长，他的短处不就更短了吗？"

我不禁震住了。"我通过别的老师和同学，包括你的父母了解到，其实你有许多别的同学没有的优点，你的书法、文章都写得不错，眼光放到你的长处上，你同样可以成功、快乐。"

从此以后，我不再为我的脚跛而自卑，我的性格逐渐热情开朗起来。（孔其，《心灵降落伞》，载《青年文摘·人物版》）

启示： 人生更短的不是你的缺陷和缺点，不要一味地掩饰、分割你的短处和不足。正视它，然后淋漓地发挥长处和优势，那么你的短处就会越来越短，成功也会越来越近。

心灵灯塔

人生实习期

如果有人问：在编辑部谁最敬业？答案一定是：实习编辑。

实习生最可贵之处是，他们无论面对什么样的工作，琐碎也好，脏累也好，都是无条件地干。他们基本上没有任何待遇，所以没有待遇之争，也无从挑肥拣瘦；他们加班不是为了加班费，而是真正出于工作需要。

设想其中如果有人正式成为该单位的一员，他也会很快变得跟别人毫无二致，一样的一杯茶、一支烟、一张报纸看半天。一样的找个借口提前溜号，迟到的就说"家里的天然气出问题了"，或者归罪于那辆无辜的自行车。

记得我刚上班时，父亲在信中谆谆叮嘱：不要和别人比，你来自农村，又年轻，办公室里取报纸、提开水、打扫卫生就是你的事。我也一直这样要求自己，但那仅仅是开始数月之内。后来，我的疑惑越来越大：为什么他们……

当更年轻的同志到我所在的办公室上班之后，我觉得那一切都是他们的分内之事了。而且，如果我继续抓住办公室的扫帚把不放，我还担心别人说我讨好领导、动机不纯呢。

有人曾做过这样的实验：把所有的受试者分为两组，第一组选择在夜间过一座独木桥，他们面前只有微弱的灯光，而且耳朵也被堵上了，结果均顺利通过。另一组则在白天光线最好的情况下踏上该桥，脚下波浪翻滚，耳中水声轰鸣，结果一个个心理防线崩溃，纷纷落入水中。

环境和社会习惯力量也足以让人迷失自己的前进方向。

美国一所中学出了这样一道题目：比尔·盖茨的办公桌有5个带锁的抽屉，分别贴着财富、兴趣、幸福、荣誉、成功5个标签，盖茨总是只带1把钥匙，而把其他4把锁在一个抽屉里，请问他带的是哪一把？

答案可谓五花八门。后来一位同学访问该校网站时看到了盖茨的回函，上面只有一句话：在你最感兴趣的事物上，隐藏着你人生的秘密。

为什么会有那么多失败的人生？因为他的人生选择不是因为自己的兴趣、自己的特长，而是为了别人的眼光，或者是为了一点可怜的虚荣心的满足。（华生，《心灵降落伞》，载《青年文摘·人物版》）

启示：能够无视别人的目光，把自己的一生都视为实习期，是一种勇气，也是一种人生的智慧。

天堂的位置

一个小学老师来邀请我对小学四年级的学生做一场演讲。

我问她："要谈些什么呢？"那非常虔诚的老师说："跟孩子们讲讲极乐世界吧！我只是希望培养孩子美好的向往，这种向往不是你最主张的吗？"

我看着那些天真无邪的孩子们，首先在教室里黑板中间画一条线，把黑板分成两边，右边写着："天堂"，左边写着："地狱"。然后我对孩子们说："我要求你们每一个人在'天堂'和'地狱'里各写一些东西。"

孩子心目中的天堂就是这样呈现出来：花朵、笑、树、天空、爱情、自由、水果、光、白云、星星、音乐、朋友、蛋糕、灯、冷气、书本……

在游戏里，孩子也同时写出了他们心目中的地狱：黑暗、肮脏、灰色、哭泣、哀嚎、残忍、恐怖、恨、流血、丑陋、臭、呕吐、毒气……

我对孩子们说："当我们画一条线之后，就会知道，天堂是具备了一切美好事物与美好心灵的地方，这个地方有人叫做天堂，有人叫做天国，或者净土、极乐世界。地狱呢？正好相反，是具备了一切丑恶事物丑恶心灵的地方。那么，有没有人知道人间在哪里呢？"

孩子们说："人间在介于天堂与地狱中间的地方。"我说："错了。"

孩子们露出不可思议的神色。

我告诉孩子："人间不介于天堂与地狱之间。人间既是天堂，也是地狱，当我们心里充满爱的时候就是身处天堂，当我们心里怀着怨恨的时候就是住在地狱！"

如果一个人一直怀着坏脾气，住在肮脏的环境里，对未来毫无希望，就等于是地狱里的人。

如果一个人内心经常欢喜，住在洁净的住所，有爱与美好的向往，那就是天堂里的人。（林清玄，《心灵降落伞》，载《青年文摘·人物版》）

启示：如果在很久很久以后，真的有一个地方叫天堂，应该也是为那些心里有天堂的人准备的。

勇敢的士兵

一天，前美国海军总司令麦肯锡将军去探望他的军校同学马歇尔将军，马歇尔此时已是陆军总司令。麦肯锡来到陆军营地时，马歇尔热情地接待了他，并且邀请他在营地里散步和视察。麦肯锡问起陆军的训练情况，马歇尔对自己的士兵给予了充分肯定，认为他们都是非常优秀的军人。

"那就最好了"，麦肯锡微笑着说，"你知道我的海军一直被公认为是全世界最勇敢的部队。我希望你的陆军也一样。"马歇尔当然不甘示弱，表示他的部队也是全世界最勇敢的。麦肯锡就问他有没有办法证实一下。

"有，有"，马歇尔满怀信心地回答。他随便喊住一个路过的士兵，指着不远处的一辆开动的坦克命令道："你给我过去，用身体拦住那辆坦克！""你疯了吗？"士兵大叫，"我才不那么傻呢。"说完撒腿跑开了。

马歇尔满意地对他老同学说："看见吧，只有最勇敢的士兵才会这样同将军说话。"（游宇明，《心灵降落伞》，载《青年文摘·人物版》）

启示：世界上有两种勇敢，一种是服从的勇敢。这种勇敢的特征是对待上级布置的任务，哪怕是面临艰难险阻，也要不折不扣地完成，这是一种勇敢。还有一种勇敢是建立在个人对事物的准确判断之上，它以服从真理而不是服从权力为己任，比起前者，这种勇敢更需要一种精神的支撑，更需要一种不怕牺牲的胆量。

轻视的力量

1985年一个阴雨绵绵的夏天，一个衣衫褴褛、面黄肌瘦，名叫洒尕的彝族小男孩，在帮舅舅整理年久失修的柴草房时，意外地发现了半本残破不堪的《西游记》。当时，小男孩正上五年级，许多字都不认识，但他疙疙瘩瘩看了两页之后，就被书中那神奇的故事给迷住了。也就是从那一天开始，小男孩便迷恋上了阅读。凡是能够找到的书籍，不论多么枯燥，小男孩都会读得津津有味。书读得多了，小男孩便对写书的人生出了无比的羡慕和崇敬，并进而产生了一个大胆的念头：长大了，我也要写书。

当小男孩把他的这个想法跟村里的大人和学校的老师讲了之后，大家先是大吃一惊，继而开怀大笑。在小村里的人看来，这个男孩的想法也太离谱了，出生在这样一个偏僻闭塞、贫穷蛮荒的高寒山寨的孩子，能够识得几个蚂蚁脚杆一样的汉字，已经是祖宗的阴德和天大的造化，还想写书，简直就是痴人说梦。

从此，小男孩洒尕便成了小村人茶余饭后的谈资和笑料。洒尕虽然当时年纪尚小，也刻骨铭心地感受到了小村人对他的轻视。这些也都罢了，最让他感到伤心的是素来对他非常器重的语文老师也根本不认同他的这个想法。这位老师不但没有给予半句的鼓励和肯定，反而轻蔑地诘问他："你知道写书的人叫什么吗？那叫作家。我们县历史上还从来没有出过作家呢，你以为作家就那么好当？几十万人中还出不了一个呢。还是放弃那些不切实际的想法，好好地念你的书吧。要真念好了，兴许今后还能像我一样当个民办老师呢！"

心灵灯塔

老师的这句话，深深地刺伤了小男孩的自尊心。他眼含屈辱的泪水，紧咬牙关暗暗在心里发誓：我将来一定要做一个作家，我要用无可辩驳的事实来证明：你们全都错了！

五年过去了，命运非但没有让洒尕向作家的梦想靠近，反而和他开了个残酷的玩笑。洒尕高中毕业时，以两分之差被永远地关在了大学的门外。名落孙山的洒尕悲壮而又别无选择地回到了家乡，开始了他艰难的人生旅程。赶马、烧窑、耕田、当木匠……但不论生活如何艰辛苦涩，洒尕从未放弃过当一名作家的梦想。一次次投稿，又一次次失败，使得小村人更坚定了他们对洒尕的看法："瞧他那日毛干鬼的熊样，怎么能当作家？如果在我们这种拉屎都不会生蛆的穷地方都能生长出作家，那作家就太不值钱了。唉，这娃娃看来是废了，整天二流子一样不务正业，就知道熬更守夜地写呀写的，有什么用啊？肚子饿了当不得饭吃，天气冷了当不得衣穿，还是本本分分盘好生产队分给的那一亩三分雷响田，才像个正经过日子的样呀。"

洒尕这个时候已经习惯了人们的轻视，他不再理睬这些闲言碎语。

俗话说，老天绝不会让苍鹰吃稻草。就在洒尕的废稿写足有一米高的时候，他的处女作终于在地区文联的刊物上发表了。成功的门一旦被推开，就会迎来无限的光明。在此后的日子里，洒尕的文章便一篇紧接一篇地在报刊上发表。那饱含着收获甘甜和喜悦的汇款单，也一张接一张地飞进闭塞的山乡。一个月下来，洒尕竟然靠写文章挣到了三百多元的稿费，这在当时已经算是一笔大钱。小村里一家人起早贪黑半年的种田收入，也没有洒尕一个人挣得多。

1989年，洒尕的一篇散文在国际性青少年写作大赛中获得了银奖。洒尕的人生之路由此而得到改写。

洒尕不久前曾回乡去探望那位童年的小学教师，结果老师的一番话却使得一直耿耿于怀的洒尕泣不成声，泪流满面。那位已届垂暮之年的老师对洒尕说："轻视其实蕴含着一种巨大的力量，对一般人是一种阻力。而对于那些自信自强、永不妥协、永不放弃梦想与希望的人而言，它则是鞭策、是动力。"（李智红，《心灵降落伞》，载《青年文摘·人物版》）

启示： 所幸洒尕没有把小学老师的轻视当成阻力，而是把它当成了动力。

上帝不会让你一无所有

一个来自农村的年轻人大学毕业后，带着父母省吃俭用攒下的钱，到广州创业。然而，3个月后，与他合伙的同乡却卷款而逃。后悔、愤懑、无奈、绝望一起在他心底交织着，他想到了死。

他躺在天桥上，脑海里一片空白。这时，一个卖报纸的老妇人走过来说："买份报纸吧。"他下意识地将手伸进衣袋，摸到一个冰凉的东西，拿出来一看，竟是一枚面值1元的硬币。他想，如果现在自己把这1元花掉，那么自己就是真正一无所有的人。于是，他把硬币递过去。老妇人送给他一份报纸，并找回一枚面值5角的硬币。

他忽然看到报上的一则招聘广告：本公司求贤若渴，诚邀有志之士加盟……他心动了，缓缓走到天桥下的电话亭，然后拿起听筒。对方要求跟他见面。他放下电话，将那枚5角硬币递进去，老板又找回来1角硬币。他将这枚硬币攥进手心，决定去那家公司碰碰运气。

他来到那家公司，跟老板诉说了自己的不幸遭遇。

老板说："谢谢你的信任，希望你能加盟本公司。"年轻人掏出那枚硬币说："除了这1角硬币，我一无所有。"

老板爽朗地笑了，说："真正的财富并不是用你钱财的多少来衡量，而是用你头脑里的智慧和骨子里的坚强来体现的。"老板向他伸出了热情之手。

年轻人留了下来。3年后，他被提拔为副经理。如今，他拥有自己的产业，资产达数百万元。但他不会忘记，当年那1枚硬币所带给他的人生奇迹。（易铭）

启示：上帝不会让你一无所有。失败时，请摸一摸口袋，也许会有一枚硬币静静地躺在那里，这恰恰是上帝故意留给你开启命运之门的钥匙。

另一扇门

这一天，49岁的伯尼·马库斯像往常一样，拎着心爱的公文包去公司上班，在20多年的职业生涯中，他勤勤恳恳，兢兢业业，才坐到职业经理人的位置上，其中充满了艰辛困苦，他只要再这样工作11年，就可以安安稳稳地拿到退休金了。可是，他万万没有想到，这一天，竟是他在公司工作的最后一天。

"你被解雇了！"

"为什么？我犯了什么错？"他惊讶、疑惑地问。

"不，你没有过错。公司发展不景气，董事会决定裁员，仅此而已。"

一夜之间，他从一名受人尊敬的公司经理成了一名在街头流浪的失业者。

那段日子，他常常去洛杉矶一家街头咖啡店，一坐就是几小时，化解内心的痛苦、迷惘和巨大的精神压力。

有一天，他遇到了自己的老朋友——和他一样，同是经理人现在也同样遭到解雇的亚瑟·布兰克。两个人互相安慰，一起寻求解决的办法。

"为什么我们不自己创办一家公司呢？"这个念头像火苗一样，在伯尼·马库斯心中一闪，点燃了压抑在心中的激情和梦想。于是，两个人就在这间咖啡店里，策划建立新的家居仓储公司。两位失业的经理人为企业制定了一份发展规划和一个"拥有最低价格、最优选择、最好服务"的制胜理念，并制定出使这一优秀理念在企业发展中得以成功实践的一套管理制度。然后，就开始着手创办企业。

这，就是美国家居仓储公司，仅仅20多年时间，仓储公司发展成拥有775家店、16万名员工、年销售额300亿美元的世界500强企业，成为全球零售业发展史上的一个奇迹。

奇迹始于20年前的一句话：你被解雇了！

是的，这是我们每个人在人生旅途中最不愿听到的一句话，但正是这句话，改变了伯尼·马库斯和亚瑟·布兰克两个人的一生。如果不是被解雇，他们现在可能只是靠每月领退休金度日的垂暮老人。（林夕，《心灵降落伞》，载《青年文摘·人物版》）

启示： 人生是一次长途旅行，当一扇门关上了，千万不要把自己也关在里面。因为世界不止一扇门，一定还有另一扇门，你要做的就是去寻找并打开这扇门！

每天你有两个选择

杰里是一家餐厅的老板，他生性乐观，并且善于激励别人。如果谁有烦心事向他求助，他总会告诉求助者要看到事情好的一面。

一次，杰里遭人抢劫，腹部被三颗子弹击中，生命十分危险，可是不久他便出院了。杰里的同事很惊讶："你的身体这么快就好了？"杰里哈哈一笑："当然，想不想看一看我的伤疤呀？""可是，你的伤势实在是很严重啊。中弹时，你在想些什么呢？"同事不解地问。杰里拍了拍同事的肩膀："我想到我有两个选择，一个是选择生，一个是选择死，而我选择了生。所以我认定我去的那家医院，是全国最好的，那里的医生技术更是一流的。"杰里喝了点水继续说："可是，他们在手术时好像是把我当死人来治疗，我向医生们做了个鬼脸，使劲地喊了起来：'啊，我过敏呀！'他们问我对什么过敏，我指了指腹，装作哭了起来：'肚子里有三颗子弹啊！'那时我简直像个孩子，惹得医生们都大笑了起来。就这样，我的手术顺利完成了，而我也从死人变成了活人。"

一天，一个朋友问杰里："我不明白，你不可能一直都保持积极乐观吧。你是怎样做的呢？"杰里笑着回答说："每天早晨我醒来后，我对自己说'杰里，今天你有两个选择。你可以选择一个好心情，也可以选择一个坏心情，我选择了好心情。每次坏事发生的时候，我可以选择成为受害者，也可以选择吸取教训，我选择了吸取教训。每当有人向我抱怨时，我可以选择听取抱怨，也可以给他们指出生活中积极的一面，我选择了指出他们生活中积极的一面。其实，生活就是由许许多多的选择构成的呀！"

有一位名叫博比的法国记者，因患脑血管疾病而全身瘫痪，只剩下一只左眼可以自由活动。外界纷纷传说博比先生成了植物人，但博比的内心仍是清醒而活跃的，他的态度始终是乐观的。他要向世人证明自己不是一棵奄奄一息的植物。于是，那只左眼就成了"我的黑牢唯一的通风口，潜水衣的唯一气窗"（博比语）。博比的助手指对一个字母，他的左眼就眨动一下，助手便记下这个字母。就这样，博比用眼皮写下了一个个单词，一个个句子，直到写完名作《潜水衣和蝴蝶》。（姜殿舟，《心灵降落伞》，载《青年文摘·人物版》）

启示： 热爱生活的人绚丽而热烈的内心世界可以产生巨大的力量。

父亲的告诫

小时候，我总会为别人的一句称赞而兴高采烈，为别人一句贬责而心灰意冷。记得父亲当时告诫我：不要让他人左右你的情绪，你要时常赞美自己，觉得是最好的、最棒的。

父亲的告诫，多年来一直让我受益匪浅，直到现在，我仍将它视为格言。

有一次，我到一家大型国企应聘，经过多轮角逐之后，只剩下我和另一位男孩争夺唯一的名额。

决定胜负的时刻，没有想象中的各种提问。主考官淡淡地一笑，说，我们就随便聊聊吧，谈什么都行。男孩洋洋洒洒说了一大堆，包括经历、个人业绩等。

轮到我时，我说：我一直都很爱自己，经常赞美自己，觉得自己最重要、最有价值而且很出色。我不需要别人来加强自身的价值，也不必以别人的行为迁就我个人的意思，来肯定自身价值。

一说完，主考官就握住我的手说："恭喜你成为本公司的一员，我们公司需要的正是像你这样的人——不低估自己，永不自卑的人。"

不久，我的这一席话被录在了公司的员工手册里。（柳叶青，《心灵降

落伞》，载《青年文摘·人物版》）

启示：让自己自信的最好方法就是不断地赞美自己，赞美自己不需要理由。

换个角度看人生

  一个加拿大人，其貌不扬，从小口吃，幼年因病导致左脸局部麻痹，嘴角畸歪，一耳失聪。他讲话时嘴巴总歪向一边！虽然他有这么多缺陷，但他不仅不自卑，反而奋发图强，成了饱学之士，还能在演讲时恰到好处地利用诙谐、幽默的语言来弥补自己的缺陷，并不失时机地提高嗓音，以达到理想的效果。尔后他成了一个颇有建树的人。
  1993年10月，他参加加拿大总理竞选。保守党心怀叵测地大肆利用电视广告来夸张他的脸部缺陷，然后问道："你要这样的人来当你的总理吗？"但是，这种极不道德的人身攻击，却招致了很多选民的愤怒和反感。那人泰然处之，毫不隐讳自己的身体缺陷，反而博得选民的极大同情，最终率自由党一举结束了9年的在野日子，成功地当选为加拿大总理，并在1997年大选中再次获胜，连任总理，成为加拿大第一位连任两届并跨世纪的领导人。他就是让·克雷蒂安。
  是的，人的出身、门第和相貌无法选择，但可以选择自尊、自信、勇气和毅力。关键是要看清自己，看重自己，切不可自怨自艾、妄自菲薄。正如比利时诗人梅特林克所说："揭下你的面纱，别让你的面纱隐蔽了最后的真理和快乐。"美籍华人、著名心理学家要恕信讲了这么一个故事：一个小女孩趴在窗台上，看窗外的人正埋葬她心爱的小狗，不觉泪流满面，悲伤不已。她的外祖父见状，连忙引她到另一个窗口，让她欣赏他的玫瑰花园。果然，小女孩脸上的愁云一扫而光，心中顿时明朗。老人托起外孙女的下巴说："孩子，你开错了窗户。"的确，人生有喜有悲，有得有失，有欢乐，更有痛苦，就看我们如何去对待。金无足赤，人无完人。缺陷无论大与小，人皆有之。有的人有了缺陷，自暴自弃，悲观厌世；但有的人，却能将缺陷转为优点，变为优势，化为财富。笑星斯格特，天生一只大鼻子，可以说是奇丑无比。但斯格特却很好地利用了这一缺陷，凭借它成为当时最受欢迎的明星，无论走到哪里，他的大鼻子人见人爱。(崔鹤同，《心灵降落伞》，载《青年文摘·人物版》)

启示：换个角度看人生，人生无处不飞花。善待自己，自强不息，你将会赢得一个五彩缤纷的未来。

奖励的惩罚

杰克家有一只非常聪明的牧羊犬。一天，牧羊犬叼回一只小狼，杰克奖给它一只鸡腿。第二天，牧羊犬又叼回一只小狼，杰克高兴极了，觉得牧羊犬了不起，又奖给它一只鸡腿。

奇怪的是，杰克发现家里竟然少了一只羊。他很纳闷，牧羊犬这么厉害，谁还能偷羊呢？

第三天，杰克来到牧场。他吃惊地看到牧羊犬根本不管羊群，直奔狼窝而去，杰克简直被气晕了，当晚，他把牧羊犬赶出家门。

牧羊犬的主要工作是看守羊群，主人对它的捕狼行为却大加奖励，它哪有心思看守羊群？同样，很多领导者奖励员工，做不到内容明确、公开，最后往往出现背道而驰的结果。

欧洲有一家电器配件企业，凭借技术实力，一度取得良好业绩。管理者创造的激励制度，却给公司带来大麻烦。

公司把员工分为三档：普通员工称为"工人"，技术骨干是"在编职工"，外聘的兼职高级人才是"特聘员工"。每个月，公司公开派发"工人"和"在编职工"的是奖金，"特聘员工"的奖金却是一个个神秘的红包。

没过多久，不知谁透出风来，"红包奖金"是"公开派发奖金"的好几倍。"工人"和"在编职工"愤怒了，认为这种不公平分配，忽略了他们的价值。那些兼职外聘人员，经常不在公司，看不到他们有多大付出，凭什么得到那么多？"特聘员工"也有意见。他们以为，一般员工除了公开得到奖金,也能得到红包,公司是歧视他们这些外人。

结果,公司付出重金,非但没有调动员工积极性,换来企业凝聚力,反而使得人心涣散。公司骨干纷纷跳槽,业绩一路下滑,从此一蹶不振。(展斗)

启示: 奖励是激发员工能量的管理手段,管理者一定要明确,到底要奖励什么,否则,就会适得其反。

躲在云后面

在大楼门口遇见一对母子。小男孩看来只有四五岁。一边走一边喊:"我要去动物园嘛。"

妈妈劝他:"讲好了出太阳才能去,今天没太阳,待一会可能下雨,不能去。"

这时候,小男孩抬起头,突然指着天空喊:"有太阳。"

妈妈看了看,说:"没有啊,哪里有太阳?"

"有",小男孩指着天空,"就在云后面,云一走开,太阳就出来了。"

多有意思啊!我一路走,一路想,那孩子的话真有道理,哪一天没太阳呢?没太阳,天就不会亮,何必非要看到大大圆圆的太阳,才说有太阳呢?太阳只是被遮在云后面,它在那儿,没有走,它连一秒钟都没有迟到,云一让开,太阳就露面了。(刘墉)

启示: 欢欣的孩子,总能看透乌云,见到太阳;积极的人们,总能看透绝境,见到希望。

感恩才有机会

史蒂文斯失业了,一切来得那么突然。

心灵灯塔

这是一个软件业的战国时代，每天都有新公司诞生，也有老公司消失。那一年，他所在的公司倒闭。史蒂文斯的第三个儿子刚刚降生，他意识到自己必须重新工作，作为丈夫和父亲，一定要让妻儿过得更好。

一个月过去了，他没找到工作。除了软件编程，他一无所长。

有一家软件公司招聘程序员，待遇不错，史蒂文斯满怀希望赶过去。

应聘的人很多，经过简单交谈，公司通知他一个星期后参加笔试。

凭着过硬的专业知识，史蒂文斯轻松过关，两天后参加面试。

面试的他措手不及，关于软件业未来发展方向，他从未认真思考过。

应聘失败，可他感觉收获不小，有必要写封信，以表感谢之情。他提笔写道："贵公司花费人力、物力，为我提供笔试、面试机会，使我大长见识，获益匪浅。"

这是一封奇特的信，落聘的人毫无怨言，竟然还给公司写来感谢信，总裁看了，一言不发。

新年即将来临，这一天，史蒂文斯收到一张精美的新年贺卡："尊敬的史蒂文斯先生，如果您愿意，请和我们共度新年。祝您新年快乐。"

贺卡是软件公司寄来的。原来，上次招聘的一个员工跳槽，出现空缺，他们不约而同地想到史蒂文斯。

那家公司就是美国微软公司。十几年后，凭着出色的业绩，史蒂文斯当了副总裁。（姜钦峰，《特别关注》2007/7）

启示：以感恩的心态面对一切，你会发现，机会往往出现在看似难以解决的问题中间。

打开善意之门

有个人买了一套二手房，兴高采烈地进行装修，邻居们却纷纷登门表示不满，说巨大的噪音影响了大家的正常生活。

他听了大家的反映，不屑地问："那你们有什么好办法？难道你们的房子没装修过吗？"

邻居们觉得他态度生硬，但仍然和气地提出了解决办法。比如，白天大家上班时施工，晚上不能再干；钻机声音能不能设法调得小一点；干活时尽可能让工人把噪音控制一下……

过了几天，情况没有任何改变，邻居们又一次上门表示抗议。这回，他毫不退缩，理直气壮地说："你们是不是有些过分了？哪条法律条文规定不允许装修？我也不是刻意和大家过不去，你们就不能忍一下吗？我尽快完工，不就什么事都没有了嘛。"邻居们没再说什么。

装修还未结束，他突然收到法院一张传票。邻居中有一位老人由于强烈的噪音干扰，引起心脏病复发，住进医院，法院要求他先立即停工，接受民事调解方案。此时，他才意识到事态的严重性，可是只能接受调解，支付昂贵的医疗费。他家的装修工程也被迫停工。

乔迁新居，好端端的一桩喜事，因为不听劝说的举动，变成一场悲剧。

有些国家对装修噪音污染引发的纠纷，有明确法律规定，人们在装修时从不敢越雷池一步。

美国有个叫比尔的人，买了套新居，做的第一件事，就是先走访邻居，了解情况，征求大家意见。当比尔发现有一位老太太身体不太好时，就对他儿子说："如果不介意，这两个月把老人接到自己父母家，那边条件不错，有佣人，还有专职保姆。"

对方接受了这个建议。不久，老太太和比尔的父母成了朋友。当比尔新居装修完毕时，他和周围邻居也成了好朋友。

故事并未就此结束，后来，比尔的工厂面临倒闭，老太太的儿子慷慨解囊，借给他一笔资金，让工厂起死回生。（周毅，《特别关注》2007/7）

启示：善意是一扇门。人与人相处，如果关闭这扇门，就等于堵死自己的路。如果时时敞开这扇门，就等于为自己寻找到一片广阔的空间。

退 路

洪水肆虐的那年夏天，我从老家赴省城上大学。途中要经过一条小河，洪水泛滥，我没法过河。眼看班车快要到点了，情急之中，我看见河边漂浮着一扇大门板，正在慢慢搁浅。不管三七二十一，我跳上这扇大门板，用木棒撑着它划过了河。

上岸后，我想顺手将那扇门板推向污泥浊水中，让它顺水漂走，但转念一想，何不留给下一个想过河的人呢？我从行李包中拿出一段细绳，将那扇门板拴在岸边一棵柳树根上，匆忙往县城赶去。

爬过崇山峻岭之后，我发现前面的一条大河水面更宽，洪水咆哮，浊浪滔天，我根本无法过河。

我背着行李，只好惆怅地从原路折返回家。我从远处看到那一条小河仍是污泥浊水。前无去路，后没退路。我还是怀着试试看的心理，向那一条小河走去。到河边才发现，那一扇大门板居然还拴在河边的柳树根上！真令我意想不到，"下一个过河的人"竟然是我自己。（颜桂海，《特别关注》2007/6）

启示：人生路上，关爱别人，无形之中就是关爱自己。

永远不要低三下四

一天，父亲在办公室看账本，看到一个地方不明白，就喊一个伙计的名字，让他进来。伙计知道老板最讨厌人抽烟，于是，他一边跑，一边把正在燃着的烟斗塞进裤子口袋。

很快，伙计的裤子开始冒烟了。父亲什么也没有说，冷冷地问着伙计，既没有让伙计把烟斗拿出来，也没有让伙计把火拍熄，直到伙计狼狈地离开。

儿子看到这一幕，气愤不已，他愤怒地对父亲大喊："你怎么能这样对待别人。"

那是他第一次对父亲发火。从他记事起，父亲给他的印象就是不苟言笑，虽然很严肃，但心地很善良。

等儿子埋怨完后，父亲心平气和地说："我没有让他把烟斗放进口袋，桌子上有烟灰缸，他也可以到门外把烟头扔出去，他甚至可以继续抽，但他选择放进口袋里。"

见儿子还不明白，父亲拉起儿子的手："每个人都应有自己的尊严，不要因为别人的脸色而自卑，记住，永远不要低三下四。"

多年后，儿子长大成人。虽然他来自贫穷的非洲，通过努力，他却成为联合国第七任秘书长，执掌联合国十年之久。

他就是前联合国秘书长科菲·安南。谁都清楚，联合国秘书长这个位置并不好坐，尤其来自小国的秘书长，很多人都可以对他指手画脚。在那些大国面前，安南的策略是，不管谁提意见，他都认真聆听，但是，他只按照自己的思路做事。

在他的领导下，联合国每天都在发生变化，连那些看不起他的人，在评价安南人品的时候也赞不绝口。（董刚，《特别关注》2007/8）

启示：不低三下四，在做事的时候没有心理负担，就能够坚持自己的想法。

做好失败计划

我旁听一家私人企业的董事会，会议的内容是如何建造亚洲最大的游乐场，总投资32亿元。

12个投资此项目的人，可以说个个是业界精英。他们的发言相当精彩，然而让我惊讶的是，整个上午，12个人的发言，谈的都是如果失败怎么办，以及在哪一步上最有可能失败。这个会议就像是来谈失败的。最后，老总问大家："如果失败，我们在什么时候投降？"

我有一个朋友叫谢大伟，那年从四川老家跑到北京来开饭馆。他在徘徊时，准备赔到10万元，如果还不能赚钱，他就投降。他从千里之外来到北京，经过周密的调查，拿出来的就是这样一份失败的计划。

他的失败计划让我吃惊，也让我开窍。后来，他成为北京餐饮业的巨头。他在没有成功之前，就已经提前咀嚼了失败的苦涩与伤感。

在我接触的许多成功人士中，似乎都是做了周密的失败打算的，他们的成功计划反而更像是一种失败的流程。而我见到的那些最终失败的人，却很少做过失败的打算。（胡志文，《特别关注》2007/8）

启示：把失败计划做好，也许才是成功的第一步。

生命有多强

在一档电视节目中，我认识了他，他叫彭水林。

当大卡车把他轧在车轮底下时，所有的一切都被上帝之手捏碎，代替它的是残酷的现实。

车祸后，他失去了双腿，成了名副其实的"半截人"。遭遇命运猛然的一击，他最初的反应是"想死"，当着泪流满面的妻子，他绝望地拔掉手上的针头，拒绝接受治疗；他也不听儿女的劝告，执意要走上死路……面对生命的绝境，死可能更容易一些，活着似乎更加艰难。

最终，老彭选择了活，因为他找到一个战胜灾难的"盟友"，一个叫半丁的朋友，也是"半截人"，给他最深沉的安慰和鼓励。他们经常在医院里，"坐"在床上，"促膝交流"。他们不可能坐，也没有膝盖，他们靠着彼此的灵魂，相互支撑和依靠。

在病床上，他们谈天说地、有说有笑。有兴致的时候，两人竟然打赌比比"身高"、量"体重"，笑容在他们的脸上，一次次地绽放开来。

当电视镜头出现这些画面时，我分明看到两个半截的生命，正在翩翩起舞。（罗艺，《特别关注》2007/8）

启示：两个"半截人"告诉我们，生命到底有多强，有多美。

没有可笑的问题

2004年，4位诺贝尔奖获得者应邀到北京演讲，开展学术交流活动。每场演讲结束，他们都会留出10分钟时间，请大家提问题。

难以理解的是，全场一千多人鸦雀无声，竟然没有一个人提问。

几位演讲者发出感叹："难道我们的理念完美无缺吗？难道连一个问题都提不出来吗？如果一点问题都没有，怎么可能有完善和创新呢？"

其中一位演讲者就地取材，讲了一个故事。

有些新手踩刹车的时候，由于慌张，错踩到油门上，势必造成严重事故。

后来，一个17岁的上海中学生，建议设计一个装置，假如司机错踩到油门上，油门上的特殊传感器马上可以感应出来，判断司机是为了踩刹车，进而把油门断掉，把刹车启动。

专家们认为，一切都有可能。经过努力，完全可以设计这种装置，令人兴奋的是，这个小问题，竟然有将近60亿元的市场价值含量。

演讲者说："当我们找不到方法的时候，就要找问题。问题找到了，办法自然就出来了。"（蒋光宇，《特别关注》2007/8）

启示：在创新的道路上，永远没有提问者会成为被嘲笑的对象。

阿基里斯的脚后跟

古希腊神话中有一位伟大的英雄阿基里斯，他有着超乎普通人的神力和刀枪不入的身体，在激烈的特洛伊之战中无往不胜，取得了赫赫战功。但就在阿基里斯攻占特洛伊城奋勇作战之际，站在对手一边的太阳神阿波罗悄悄一箭射中了伟大的阿基里斯。

原来这支箭射中了阿基里斯的脚后跟，这是他全身唯一的弱点。在他还是婴儿的时候，他的母亲——海洋女神特提斯曾捏着他的右脚后跟，把他浸在神奇的斯提克斯河中，被河水浸过的身体变得刀枪不入，近乎于神。可那个被母亲捏着的脚后跟由于浸不到水，成了阿基里斯全身唯一的弱点。母亲造成的这唯一弱点要了儿子的命！（盅儿）

启示：由于局部细微的弱点而导致全局的崩溃，就是这则故事所揭示的道理。在组织管理过程中，无论是战略决策还是绩效控制，很多失败都是由于细微的失误造成的。

实际上，这个细微的失误就是某个小小的细节失误。

对于细节来说，很多时候，100减去1不是等于99，而是等于0。由此，得出了这样的一个结论：功亏一篑，1%的错误导致100%的失败。

零缺陷的妙方

有一家生产降落伞的工厂，他们制造出来的产品从来都没有瑕疵，也就是说他们生产的降落伞从来没有在空中打不开的不良记录。其品质无与伦比，驰名中外。

有一位记者非常好奇，他觉得怎么有可能工厂生产的降落伞完全没有任何的疏失或破损，在他千辛万苦的打听下，他终于找到了这家工厂的负责人，希望能够借采访之名，打探出生产零缺陷降落伞的秘诀。

记者首先恭维老板的英明领导与经营有方，随后简明扼要地说明来意，老板先是口沫横飞地说："要求降落伞品质零缺点是本公司一贯的政策，想想看，在离地面几千英尺的高空上，万一降落伞有破损或打不开的话，那么使用者在高空跳落过程中岂不是魂飞魄散，且叫天天不应、叫地地不灵，人命根本就没有受到应有的重视！"话毕，老板只是漫不经心地说："生产这类产品其实并没有所谓的奥秘！"

老板的话令记者一脸狐疑，他仍不死心地追问："老板您客气了，我想其中一定有诀窍，否则贵厂怎么有可能维持这么高的品质？"

这个时候，老板嘴角露出一抹微笑，他淡淡地说："哦，要保持降落伞零缺陷的品质，其实是很简单的，根本就不是什么艰深难懂的大道理。我们只是强烈要求，在每一批降落伞要出厂前，一定要从整批的货品中随机抽取几件，将它们交给负责制造该产品的工人，然后让这些工人拿着自己生产的降落伞到高空进行品质测试的工作……"（摘自《组织人事报》人才周刊）

启示：质量＝生命＝生存。

做自己的魔法师

有这样一个故事。在非洲南部的一个部落里,酋长有四个女儿,前三个女儿既聪明又漂亮,可独独小女儿长相一般,脾气又暴躁无比,等到她们谈婚论嫁时,前三个女儿都被人用当地最高的聘礼十匹马换走了。

随着小女儿一天天地长大,也到了该出嫁的年龄了,不要说有人肯出十匹马来娶,一直就没有人来提这门婚事。这使酋长很烦恼,小女儿也整天郁郁寡欢。这件事就一传十,十传百,传出了很远。

有一个外乡人听说了这事,就找到酋长说:"我愿意用十匹马换你的女儿"。酋长一听高兴极了,当即就把女儿嫁给了这个外乡人。

过了几年,酋长去看自己的小女儿,令酋长不敢相信的是,从前的丑女儿不但变成一个气质高雅的漂亮女人,还能给他做一桌美味佳肴了,比起她的三个姐姐一点儿也不逊色。

原来,当年的婚事极大地震动了她,让她相信自己具有十匹马的价值。从此以后,她就按照十匹马的标准来要求自己,让自己的一言一行,一颦一笑都符合那最高聘礼的价值。慢慢地,她就从一个不起眼、坏脾气的平常女孩蜕变为端庄美丽魅力十足的优雅女人。

这就是心理暗示的神奇,你认为自己是什么样的,你就会变成什么样的。要想改变自己在别人眼中的形象,首先就要改变自己在自己眼中的形象。肯定自己,相信自己,任何时候不忘提醒自己,在这个世界上,你是独一无二的、不可复制的。到那个时候,你就会发现,其实自己就是自己的魔法师。(杨莉莉,《东南早报》2005年8月4日)

启示:让我们昂首挺胸走路,不仅不逃避他人的目光,更要自信地注视他人,同时送给他人灿烂的笑容。最后,从他人的赞美中再次获得自信。

心灵灯塔

给自己创造机会

湖南卫视晚间新闻节目组在西藏拍摄电视新闻片，傍晚时分，摄制组一行在一家路边饭店就餐。这时来了个身背吉他的年轻人，他站在摄制组导演旁边说："先生，给你们唱支歌好吗？不要钱。"免费听歌，谁都会乐意，导演点了点头。于是这个年轻人亮出自身的实力，一展歌喉，受到大家的赏识，很快被摄制组在茫茫人海中发掘出来，推到了观众面前，成了一名当红歌手。显然，他的成功得益于自己给自己创造了机会。

天空不会掉下馅饼，机会不会掉进一个人的怀里。庸常之人等待机会，出类拔萃的人则会寻找并攫取机会，让机会真切实在地为自己服务。有这样一个故事：一位修士虔诚地信奉上帝，一天，他不小心跌入了水流湍急的河里，正好有人从岸边经过，如果他喊救命，是能够得救的。但他想上帝会救他，于是没喊。当河水把他冲到河流中心时，他发现前面有一根浮木，他可以把它抓住，但他想上帝会救他，便照样在水中沉浮。结果，他被淹死了。修士死后质问上帝："我如此虔诚，你为什么不救我？"上帝说："我已经给了你两次机会，为什么都没有抓住？"这是庸常之人的一个例证，出类拔萃的人则是另一种情形。

美国前总统林肯，幼年时代住在极其简陋的茅舍里，他住的地方距离学校非常遥远，他一天要跑二三十里路去上课。为了学习，要来回奔跑几十里路，去借几册书籍；而晚上又要靠着燃烧木柴发出的微弱火光来阅读。他之所以能成为美国历史上最伟大的总统之一，并非生活环境给他创造了机会，而是靠自己不懈的奋斗精神，不断地攫取成功的机会。（摘自《组织人事报》）

启示：生活中，很多人只看重"别人"给予的机会，而看不到最能给予机会的人恰恰就是自己。有一句话说得好：机会，等不来，坐不来，它永远属于有充分准备的头脑；永远属于善于把握机会善于创造机会的人。生活的法则就是这样，有能力的人会抓住机会，更有能力给自己、甚至给别人创造机会。

良种玉米

　　有位小伙子出差去北方，带回一些玉米良种，但他摸不透这些种子是否真的能高产，就在自己的责任田里试种了一块，结果到了收获的时候，这块地里的玉米产量比往年翻了一番。

　　村民们都知道了这件事，纷纷来到小伙子的家，要求购买他的良种。可是无论怎么说，小伙子就是不答应，村民们见他执意不肯，只好作罢。

　　第二年春天，小伙子将自家的责任田全部种上了这些玉米良种，等待着丰收季节的到来。谁曾想到，事与愿违，不但没有丰收，而且比过去普通的玉米种子的产量还要低。小伙子百思不得其解，甚至怀疑村民们暗中对他家的玉米动了手脚。

　　一次，乡里来了一个农技员，听说此事，便去实地看了看，然后对小伙子说："这是良种玉米，接受了附近普通玉米的花粉所致。假如大家都种上了良种玉米，就不会出现这种结果了。"（摘自《学习型组织"金"典故事》）

　　启示：团队合作能使个人和事业都有所发展，并且会提供无限的机会，在团队合作的过程中，每个人都会分享他人好的一面。与人分享者必得到加倍的回报，吝与分享者必将失去所有。

导盲犬

　　在一次业余跳伞训练中，学员们由教练引导，背着降落伞鱼贯蹬上运输机，准备进行跳伞。

　　突然，大家发现有一位盲人，带着他的导盲犬，正随着大家一起登机。这位盲人和导盲犬的背上，也和大伙一样，有着一具降落伞。飞机起飞后，学员们围着那盲人，七嘴八舌地问他，为什么会参加这次的训练。

其中一名学员问道："你根本看不到东西，怎么能够跳伞呢？"盲人轻松地回答说："那有什么困难的，等飞机到了预定的高度，开始跳伞的指令广播响起，我只要抱着我的导盲犬，跟着你们一起排队往外跳，不就行了？"

另一名学员接着问道："那你怎么知道什么时候拉开降落伞？"盲人答道："教练不是教过，跳出去后从一数到五，我自然就会把导盲犬和我自己身上的降落伞打开，只要我不结巴，就不会有危险呀。"

又有人问："可是落地时呢？跳伞最危险就是落地的那一刻，你该怎么办？"盲人胸有成竹地说道："只要等到我的导盲犬吓得歇斯底里地乱叫，同时手中的绳索变轻的刹那，我做好准备落地的动作，不就安全了？"（摘自《学习型组织"金"典故事》）

启示：所有从外在看来似乎完全无法克服的障碍，事实上全都是假象，真正难以突破的，是自我内心深处的重重设限。只要能够战胜自己潜意识当中的"不可能"障碍，任何人都可以做到自己真正想做到的事情。

同一个世界 同一个梦想

马丁·路德金说：我有一个梦想；
你说：我也有一个梦想；
他说：我也有一个梦想；
我说：我也有自己的梦想。

你说：我希望自己的工作能得到社会的认可；
他说：我希望自己能在工作中出类拔萃；
我说：我希望自己能快乐地工作，快乐地学习，快乐地生活；

我们说：奉献社会，实现价值是我们不懈的追求。

如何才能实现我们自己的梦想？
你说：要用心去对待纳税人，真心、耐心、诚心、热心；
他说：我要好好学习知识，用心钻研业务；
我说：我要眼看前方，脚踏实地，做好工作中的每一件事。

一人有一个梦想，我们共同的梦想是什么？
海纳百川，有容乃大，
把我们每个人的愿望凝聚在一起，
那就是我们共同的愿景。

服务社会，人人有为，
不是一句空谈。
和谐创新，争创一流，
也不是一句口号。
它就是我们共同的愿景。

你说了，你做到了；
他说了，他做到了；
我说了，我也做到了。
一个人的力量或许有限，
两个人的力量也许不多。
不积跬步，无以至千里；
不积小流，无以成江海。
把我们每个人的力量凝聚在一起，
那就能托举起我们共同的事业，
铸就明天的辉煌。

（淄博市博山区国税局　孙勇）

后　　记

在领导和同志们的殷切期盼下，作为国税系统创建学习型机关的第一套丛书——"创争中国行——淄博国税创建活动系列丛书"，终于和广大读者见面了。

本丛书旨在反映和展现淄博国税系统近年来在国税文化建设和学习型组织创建过程中的一些研究成果、实践案例和创建体会。本丛书共四册，分别是：《文化理念手册》、《鲁山情怀》、《心灵灯塔》和《我的创争》。参加本书编写的有：王文国、王玉璋、刘永顺、安东志、张海恒、江润东、李旭、李涛等同志。

在本丛书编写过程中，得到了山东省国家税务局、淄博市国税系统领导和同志们的大力支持与帮助，特别是北京明德管理科学研究院的王鑫院长、金锋副院长、杨复主任、张焱主任、赵丰年博士等专家学者提出了许多指导性意见；淄博市文联创作室沈淇主任对语言文字进行了加工和润色；淄博市国税局办公室副主任王允博、齐鲁化学工业区国税局赵安元、博山区国税局张海龙和桓台县国税局边志刚参与了书稿的讨论修改工作；淄川区国税局黄伟、张店国税局徐莉和齐鲁化学工业区国税局的鲁聪聪对书稿进行了校对；经济科学出版社为本丛书的编辑出版付出了大量心血，在此一并表示感谢。

本丛书侧重于对近年来淄博国税系统文化建设及学习型组织创建活动中，广大国税干部职工创作的心灵感悟及理论探讨等进行整理、精选和推介，由于时间、内容所限，难免出现遗珍漏珠的现象，对这些作品的作者，我们在此表示歉意。丛书中引用部分参考文献、文章或资料的出处未作详细注明，在此一并对原作者表示感谢和致歉，并请原作者或出版社见书后及时与本书编委会取得联系。丛书部分文章的作者，工作单位或岗位现已变动，但其文章仍保留原貌，此处一并说明。

　　鉴于时间仓促，水平所限，难免会有许多不尽如人意之处，竭诚欢迎广大读者朋友批评指正。

　　本丛书作为"创争中国行"系列丛书的第一集出版，今后还将陆续推出后续各集，对推进学习型机关、企业的创建工作提供帮助指导。

创争中国行——淄博国税创建活动系列丛书编委会